社員に任せるから会社は進化する

日本版「ティール組織」で黒字になる経営の仕組み

株式会社日本レーザー代表取締役会長
近藤宣之
Nobuyuki Kondo

JN130773

PHP

はじめに

今、組織論が注目を集めています。そのきっかけは、フレデリック・ラルー氏が著《あらわ》した書籍『ティール組織』（英治出版）といってよいでしょう。小さな字で書かれ、600ページ近くあるこの本がベストセラーになっているのです。

これからお読みいただくこの本も、一種の組織論です。会社などの組織はどうあるのが望ましいのか、当社の事例をたくさん紹介しつつまとめました。

とはいえ、本書は論文ではないし、組織論にとどまるものでもありません。人がイキイキ、ワクワクしながら働くにはどうしたらよいのか、といった個人レベルのことも書きました。

社員などのメンバーがイキイキ、ワクワクして働き、組織が一つの生命体のように動き、その組織の業績も上がる。本書は、そうしたことを可能にする、一種の組織論です。

さて、先ほど私は「当社」と書きました。この当社とは「日本レーザー」のことです。

私は今、日本レーザーの代表取締役会長です。1994年5月から2018年2月までは、代表取締役社長でした。

日本レーザーの本社は東京都新宿区西早稲田にあり、大阪市と名古屋市に支店がありま す。社員数は約60人で年商は約四十億円、設立年は1968年といった中小企業です。

日本レーザーは1971年から2007年まで東証一部上場企業の日本電子の子会社で、私ももともとは日本電子の社員でした。

日本レーザーの主な業務は、レーザー機器を輸入し、販売することです。ひと言で表すなら、日本レーザーはレーザー機器の輸入商社です。

その中小企業の経営者がなぜ組織論などを著すのか、不思議に思う人もいるでしょう。それは当社が全国的にも非常に珍しい組織形態を持っているからです。そして、25年間連続して、黒字経営だからです。ここまで黒字が続いているのは、なかなかないことです。

ありがたいことに、当社の組織や経営のあり方は、多方面から高い評価を得て、さまざまな賞をいただいています。たとえば人を大切にする経営学会の『日本でいちばん大切にしたい会社』大賞の「中小企業庁長官賞」、東京商工会議所の「勇気ある経営大賞」、ホワイト企業大賞企画委員会の「ホワイト企業大賞」などの賞をいただいています。

こうした評価を得ていることも、私が本書を書く背景にはあります。「日本レーザーはいったいどんな組織で運営しているのか」といった声があちらこちらで上がっているからです。

これからお読みいただく本文には幾つかのキーワードがあり、それは主に次の言葉です。

●ティール組織（進化型の組織）
●自己組織
●進化した日本的経営
●ダイバーシティー（多様性）
●社員ファースト、お客様セカンド
●働き方の契約書としてのクレド
●社員の成長が会社の成長
●圧倒的な当事者意識
●健全な危機意識
●共に生きていく仲間意識
●大幅な権限委譲
●トップの意識改革

これらの言葉がキーワードです。それぞれどんな意味を持つのか……。

それでは、日本レーザーが実践している「組織の形」をどうぞお読みください。

近藤宣之

目次

第2章　社員ファースト、お客様セカンド

第3章　社員がモチベーションを高め、成長し続ける仕組み

第4章　大幅な権限委譲で、社員も会社も大きく伸びる

第5章 トップが意識を変えると、会社も変わる

第6章 「進化した日本的経営」が次のグローバルスタンダードになる

編集協力：平出　浩
装丁：大杉泰正（ｉＲデザインスタジオ）

※本文に登場する人名につきまして、一部の方を仮名としております

第1章

企業には発展段階がある

◈「オオカミの群れ」だった日本レーザー

かつて日本レーザーはオオカミの群れだった――。このように書くと、多くの読者は驚くでしょう。

会社がオオカミの群れとはどういうことだ⁉　組織として機能していないのか。それとも、野性味あふれる社員が多いということか。あるいは、粗暴な社員が多いということか。

……こんなことを思う人もいるかもしれません。

当たらずとも遠からず。恥ずかしながら、かつての日本レーザーには、粗野な社員がいて、組織として、あるいは会社として、十分に機能しているとはとてもいえませんでした。

酔っ払って上司を殴る社員。顧客に納入すべきパソコンを私物化している社員。実態のない虚偽の接待申告をする社員。……こうした不良行為をする社員が何人もいました。

出金伝票もチェックされていなかったので、粉飾もまかり通っていました。営業部員にはタイムカードもなく、勝手に来て、勝手に帰るような状況です。

悪口、告げ口、足の引っ張り合いも横行していました。あるとき、女性社員が私のところに来て、言いました。「○□さんは、日中はプラプラ遊んで、サボって、夕方から仕事をしだして、残業代を稼いでいる。○□さんはダメですよ。クビにしたほうがいいですよ」

驚きましたが、私はさらに驚かされることになりました。続くように、代わる代わる、3人の女性社員が私のところにやってきて、「△○さんは……」「□×さんは……」とやりだしたのです。

これは私が日本レーザーの社長に就いた1994年当時のことで、彼女たちは「自分だけは会社に残りたい。クビになりたくない」と考えたのでしょう。だから、同僚の悪口を私に言いに来たのです。まさに告げ口です。男性も女性も、こういう社員が何人もいました。

社内には、レーザーの機器や電源の在庫が大量にありました。たくさん仕入れると、原価率が下がるため、大量に仕入れていたのですが、売れ残りが多く、不良在庫を大量に抱えていたのです。

棚卸しをやったことがないため、在庫をまったく把握できていませんでした。帳簿上は1000万円分の在庫があることになっていても、実際にはなかった。勝手に持ち出している社員もいたのです。

営業部員は「売った」と言うものの、製品の納入先からは「買ってはいない。『使ってみてください』と言われたから、置いてあるだけだ」と言われているようなケースもたくさんありました。これらは不良債権です。

不良社員、不良在庫、不良債権、さらには不良設備など、以前の日本レーザーには「不良の山」がうずたかく積み上げられていました。

これはまさに「オオカミの群れ」がなした行為だったと、今になると、思うのです。

なぜ「オオカミ」なのか。それは『ティール組織』という本を読んで、「かつての日本レーザーはオオカミの群れだった」と得心がいったからにほかなりません。

『ティール組織』における「オオカミの群れ」を説明するには、『ティール組織』の概要を説明する必要がありますが、それについては、少しあとの場に譲ろうと思います。

ここでは「オオカミの群れ」の特徴だけを書くと、それは力による支配が行われ、組織の秩序は恐怖と服従によって保たれています。組織は短期的で衝動的な思考によって運営され、特定の個人が大きな力を持っています。『ティール組織』では「現代では、ギャングやマフィアなどにまだ見られる組織」と紹介されています。「オオカミ」というのは比喩なのです。

◈社員の行動を管理することから始めた

この荒れた組織、荒《すさ》んだ会社をどうするか——。

どうするかも何も、私は社長に就任したのだから、立て直さなくてはいけません。そこで私は、まず初めに就業規則を整えました。

私が社長になった1994年当時は、始業時刻も幅があったため、昼過ぎに出社したり、日中はサボって、夕方から仕事をしたりするような社員もいました。だから、まずは「9時に出社する」という規則を設けました。そして、終業時刻は午後5時30分で、7時間30分の勤務時間と定めました。「そこからか」と思う人もいるでしょうが、まさにそこからしなければいけない状況だったのです。

仕事をしてもしなくても、成果を上げても上げなくても、社員の待遇は同じでした。サボる社員は本当にサボっていたから、待遇や評価制度も根本的に変えていきました。

直行・直帰は原則として禁止し、朝は必ず出社させ、その日の予定はどうなっているのか、私に報告させました。

交際費、接待費、会議費の出金には、私の承認を経ることにしました。そうしないと、勝手に使ってしまうほどにお金の使い方も乱れていたのです。公私混同の体《てい》でした。

こうして私は、社員の行動を管理していきました。現在の日本レーザーとは正反対の発想であり、やり方です。

しかし、当時の、まさに「オオカミの群れ」のようだった日本レーザーには必要な施策でした。自由と放縦《ほうしょう》とを履き違えている社員には、採らざるをえない選択だったのです。

評価制度では、たとえば、家族手当と住宅手当は全廃しました。年齢が上だから、自宅を持っているから、子供がいるから……といった理由だけで手当が付いて、給料が高くなるのはどうなのか。一方、仕事に真摯に取り組み、成果も上げているけれど、若く、独身で、賃貸住宅住まいだと、何の手当も付かず、給料は安いのです。これらは、私には不合理に思えました。

家族手当や住宅手当を廃止すると伝えると、当然、反発が起こりました。たとえば、これまで3万円の手当がゼロになると、これは大きなマイナスです。「今度の社長はいったい何をやりだすんだ⁉」と思ったことでしょう。

一部の社員は、不利益変更だと反発しました。会社が一方的に、自分たち労働者に不利益になるように労働条件を変更したと主張したのです。

しかし私は、改革を断行しました。乱暴なやり方ではあったかもしれませんが、少しずつ時間をかけながら、しかし、トップダウンでどんどん変革していきました。

渋る社員も説得させることができた決め手は「生涯雇用」です。「辞めたくない社員は絶対に辞めさせない」こと、つまり雇用は必ず守ることを約束したのです。

今度の社長は絶対にクビを切らない。会社の業績が悪くても、自分の営業成績が悪くても、解雇はしない。——社員がこう思うことの重要性は、計り知れません。少なくとも、当時の定年である60歳までは、望めば勤め続けられることが保証されたのです。解雇されないということは、仕事へのモチベーションの土台にもなります。

◈社員のモチベーションが上がれば、組織の力は格段に高まる

私が社長に就任した94年の時点で、日本レーザーは創業26年が経っていました。四半世紀を超えているのだから、それなりの歴史を積み重ねていました。

そこにいきなり、親会社の日本電子から社長が来て、これまでの慣行や規定をことごとく覆していったのです。当然、おもしろくないと感じた社員も少なくありませんでした。だから、辞めていく社員も多かった。なにしろ私が社長になってからの約1年半、さらにその前の約1年を合わせた2年半ほどの間に、30人ほどの会社で50人も辞めたのですから。

不良社員は全員辞めました。肩たたきは決してしませんでしたが、私の方針を受け入れられず、辞めていったのです。

辞めたのは、50人。しかし一方、同数の50人が新しく入り、また辞めました。経営が破綻したあと、94年前後にかけて、日本レーザーは人員を含めて、大混乱期でした。

ただし、変化はこれにとどまりません。というか、この段階では、日本レーザーのリスタートはまだ緒《しょ》に就いたばかりでした。

次に私がすべきことは、社員のモチベーションを上げることでした。これが実は、最も大事なことです。社員のモチベーションを上げることなくして、会社は再生しません。やる気のない社員、会社におんぶに抱っこの社員、会社からしてもらうことばかり考えているような社員がいては、自立した会社として存続することはできません。

94年当時の日本レーザーは2億円近い債務超過に陥っていて、親会社の日本電子が保証をしても、主力銀行は融資せず、破綻処理を求めているような状況でした。

そんな、実質的に経営破綻している会社を、私は再建しようとしたのです。再建するのは、ほかならぬ社員たちです。もちろん、経営者たる私も尽力しますが、私一人の力でどうにかなるものではありません。それにそもそも、会社の役割や使命を考えると、社員がやりがいも幸せも感じられないような会社など、存続させる意味がないともいえます。

そこで私は、社員のモチベーションを上げる方法をたくさん考え、どんどん導入していきました。

評価制度、報酬、教育、仕事の仕方、社員の人間関係、社内の雰囲気……などを変え、モチベーションが上がる仕組みを取り入れていきました。

具体的な方法は第2章以降の随所で紹介していきますが、ここで大事なことは、社員のモチベーションが上がれば、会社は劇的に変わるという事実です。グチや悪口はなくなり、社内は明るく活力に満ちあふれ、業績は上がり、各人の成長、会社の発展を全員が喜び、互いを尊重し合えるようになります。

このことを組織論に当てはめるなら、組織のステージは大きくステップアップしていることを意味します。「オオカミの群れ」は言うに及ばず、今の日本社会で圧倒的多数を占める組織の次元を凌駕《りょうが》することになるのです。

それはいったいどういうこと……? と思うかもしれません。それがどういうことか、日本レーザーの例を紹介しつつ、これから少しずつしっかりと説明していきます。

◈黒字経営を継続する方法がある

日本レーザーが社員のモチベーションを高めなくては生き残れないと考えた理由には、当社が輸入商社であるという背景もあります。

日本レーザーは海外のメーカーから研究用や産業用のレーザーや光学機器などを輸入し、それを国内の会社や大学、官公庁などに販売しています。

輸入商社ですから、為替が円高になると、当社には有利に働きます。輸入コストが下がるためです。

一方、円安になると、コストは跳ね上がり、利益を圧迫します。当社の場合、1円円安になるだけで、利益が2000万円減ります。10円の円安で2億円の利益減です。

1円の為替変動はいうまでもなく、10円程度の為替変動も茶飯事です。1ドル＝100円がアッという間に110円になるなど、珍しくないことは、多くの人の知るところでしょう。

円安への為替変動は、当社のような輸入商社には極めて大きな環境変化です。何もせず、手をこまぬいていては、2億円の為替差損がアッという間に出てしまうような世界なのですから。

では、どう対策を取るのがよいか——。実はここでも、最も重要なことは、そして最も効果的なことは、社員のモチベーションを高めることなのです。

全員のモチベーションが上がり、「ここは俺がしっかりしないと」「これは私が責任を持って対応しよう」「お客様に最適な製品を絶対届けよう」などと一人一人が考え、行動すると、仮に大幅に円安に振れても、会社は利益を確保することができます。

実際、こんなことがありました。2012年12月、自民党の安倍晋三政権が誕生し、輸出産業を復活させるために円安誘導の政策が始まりました。すると、それまで1ドル＝80円前後で推移していた為替は、13年に1ドル＝100円になったのです。急激で大幅な円安です。

12年に16億円で仕入れていた商品が翌13年に20億円になりました。たった1年でコストが4億円も増えたのです。当時の経常利益は約3億円。放っておけば、一気に赤字へ転落したでしょう。

このとき当社は、レーザー以外の新規事業や新規サプライヤーを開拓するなどして、この危機を乗り越え、13年度は最終的に7100万円の経常利益をあげました。

当社の経営を脅かす外的要因は、為替の変動だけではありません。海外メーカーのM&A（合併と買収）、TPP（環太平洋パートナーシップ協定）などの国際協定の変化、リーマン・ショックなどの世界的な金融危機、日本と中国や北朝鮮との関係悪化、大地震などの天災、さらには戦争……。こうした事態は起こりうるし、実際に起きていることもあります。

しかし、どんなことが起きても、会社を存続させるだけでなく、黒字経営も維持する。これは決して簡単なことではありませんが、できないことでもありません。

どんな危機的状況でも会社を存続させ、黒字も維持するために、絶対に欠かせないのは、社員の高いモチベーションです。逆にいうと、社員のモチベーションを常に高い位置で維持できるのなら、会社は黒字の経営を維持できるといえます。

「黒字経営の秘訣は？」と聞かれると、私はしばしば「社員のモチベーションです」と答えます。「それが１００％です」とも。これは誇張でも何でもなく、私の実感と経験と信念から発せられている言葉なのです。

◈ほとんどの日本企業は達成型のオレンジ組織

社員のモチベーションが高まれば、組織も変わります。その組織の社員は、もはや「オオカミ」ではないため、集まっても、「オオカミの群れ」になることは決してありません。

かつての日本レーザーは「オオカミの群れ」でしたが、今の日本企業で「オオカミの群れ」はごく少ないはずです。日本企業の多くは「オオカミの群れ」ではなく、「機械」のような存在ではないでしょうか。

機械とは、いったい何？　と思うでしょう。これも『ティール組織』に出てくる表現です。

ここで『ティール組織』の概要を私なりに説明してみましょう。

著者のフレデリック・ラルー氏は『ティール組織』で、組織の進化形態を「衝動型」「順応型」「達成型」「多元型」「進化型」の5つに分類しています。この組織形態は、衝動型→順応型→達成型→多元型→進化型と、進化していきます。

これらの型は、それぞれ色としても表されていて、衝動型＝レッド、順応型＝アンバー、達成型＝オレンジ、多元型＝グリーン、そして進化型＝ティールとなっています。

この中で、日本人になじみの薄い語はアンバーとティールでしょうか。アンバーは琥珀色で、ティールはカモの羽色《はいろ》という青緑色の一種です。『ティール組織』の「ティール」とは色のことなのです。

少しややこしいのですが、これらはそれぞれ「オオカミの群れ」「軍隊」「機械」「家族」「生命体」というメタファー（比喩）でも表されています。つまり――

衝動型＝レッド＝オオカミの群れ
順応型＝アンバー＝軍隊
達成型＝オレンジ＝機械
多元型＝グリーン＝家族
進化型＝ティール＝生命体

ということです。

オオカミの群れだった、かつての日本レーザーは衝動型で、レッドでもあります。

次の段階の「順応型＝アンバー＝軍隊」的な組織では、厳格な階級に基づくヒエラルキーと上意下達の命令系統が存在します。よって、指揮命令はトップダウンによってなされます。「安定」が重視され、長期的な展望ができるという特徴も持ちます。現代では、軍隊のほか、カトリック教会、行政機関、公立の学校などがこの組織形態に該当すると、『ティール組織』では紹介されています。

「ティール組織論」で考えると、私が日本レーザーで最初に行ったことは「順応型＝アンバー＝軍隊」的だったといえます。トップダウンで、どんどん決め、どんどん変えていったからです。

日本の多くの企業は「順応型＝アンバー＝軍隊」の段階は超えているでしょう。長期的な展望ができる点など重なるところもありますが、より近いのは「達成型＝オレンジ＝機械」だと思います。『ティール組織』にも、達成型組織は金融機関から事業会社まで、民間企業に見られる組織形態だと紹介されています。

「達成型＝オレンジ＝機械」では、競争に勝って、利益を出し、成長を目指すことが組織の目的になります。前進するためのカギは「イノベーション」と位置づけられています。

やはり、現在の日本企業は「達成型＝オレンジ＝機械」の組織が一般的だと思います。さすがに「衝動型＝レッド＝オオカミの群れ」ではないし、「順応型＝アンバー＝軍隊」を脱している企業も多いはずです。

しかし、次の段階の「多元型＝グリーン＝家族」、さらには「進化型＝ティール＝生命体」となると、どうでしょうか。この段階まで達している企業はそうそうないように思えます。

◈「ティール組織」とは何か

第４段階の「多元型＝グリーン＝家族」はどのような組織でしょうか。

多元型（グリーン）組織では、ヒエラルキーは残っているものの、最前線のメンバーは達成型（オレンジ）組織のように機械的に働くのではなく、もっと主体的で多様性を持って働くことができます。さらに、最前線のメンバーに意思決定の大半が与えられています。大幅な権限委譲がなされているのです。

多元型（グリーン）組織では、その組織の文化が非常に大切です。がんじがらめのルールではなく、価値観や企業文化を共有することで、組織としてもまとまります。

ダイバーシティー、つまり多様性を持つことも重要で、日本でいうなら、国籍、人種、性別、年齢、学歴などにこだわらず、多様な個性を認める組織でもあります。

書籍の『ティール組織』には、多元型（グリーン）組織は次第に勢力を増していると書かれています。私も同感です。日本でも、多元型（グリーン）組織は増えているように思います。ただし、主流はまだまだ達成型（オレンジ）組織だと思いますが。

では、書名にもなっている「ティール組織」とは、どのような組織なのでしょうか。「進化型＝ティール＝生命体」の組織の特徴には、「自主経営（セルフマネジメント）」「全体性（ホールネス）」「存在目的」の3点が挙げられます。

階層などに頼ることなく、仲間との関係性の中で動く「自主経営」、合理的な部分だけでなく、精神的、情緒的、直感的な部分も含め、各メンバーが個人として全人格で仕事に向き合う「全体性」、組織それ自体が生命と方向感を持っている「存在目的」。これら3点がティール組織の突破口になっていると、『ティール組織』に書かれています。

私の理解を加えつつ、ティール組織についてもう少し説明してみます。

自主経営は、社員が主体的、自立的、能動的に動き、働く組織のあり方です。誰に指示されるまでもなく、自分で考え、行動する。どうすれば売上げにつながるか、どうすれば顧客が喜ぶか、どうすれば取引先と良好な関係を維持できるか……。そうしたことをいつも自分で考え、実行する。それが自主経営ができている組織だと思います。これと対極にあるのは、指示待ち族の多い組織です。

全体性には、その組織は単に給料を得る場ではなく、言いたいことを言い合い、やりたいことを自由に提案し、本音や本心をさらけ出して、組織のメンバーに向き合うといった意味合いもあるでしょう。格好をつけたり、殻をかぶったりした、表向きの感情で同僚や上司と接するあり方とは対極にあります。その人の「人生そのもの」が、私の理解する全体性です。

存在目的は何かというと、組織がその組織の存在意義を問いかけるということです。

多くの企業、とりわけ日本の大企業は"how to do"を問いかけます。"how to do"、つまり、いかにすべきかを考える。どのように儲けるか、どのように事業展開をするか、どのように人事管理をするか、どのように財務管理をするか……そうした"how to do"で考え、それを組織の目的にしています。

しかし、「組織がその組織の存在意義を問いかける存在目的」に主眼を置くと、視点や発想はガラリと変わります。"how to do"ではなく"what should be"、つまり「なんとあるべきか」に変わるのです。

"how to do"は「やり方論」であり、"what should be"は「あり方論」です。「あり方」のほうが、ずっと根本的な問題であることがわかるでしょう。この「あり方」抜きにして、企業の存在目的を論じるべきではないでしょう。「やり方」だけを追求していては、その企業は表層的な存在になってしまいます。

まずもって重要なのは「あり方」です。「ティール組織」では、そのあり方も重視しているのです。

◈ある程度はティール組織化できている

社外の研究者には、現在の日本レーザーはティール組織的な会社であると見られています。完璧なティール組織であるとまではいえませんが、ある程度はティール組織的であるし、ティール組織であることも意識しています。

とはいえ、オレンジ、つまり達成型な組織の部分もあります。利益を出すことを目的にしてはいませんが、目的を達成する手段として利益を出すことは重要であると考えているし、個人としても会社としても、成長を目指しています。これらなどは、オレンジ組織の要素でしょう。

当社にはさらに、グリーン、つまり多元型な組織の部分もあります。たとえば、グリーン組織の特徴の一つである「多様性」をとても尊重しています。

採用の際も、入社後の待遇でも、国籍、人種、性別、年齢、学歴など、本人の能力や努力と関係のないことで区別することはいっさいありません。その結果、当社には、実に多彩な人財が集まっています（本書では、「人材」ではなく、「人財」と表記します。理由は第2章で記します）。

多様な意見、多様な視点、多様な価値観こそが大切で、金太郎飴のような人は、当社では一人も欲していません。とりわけ当社のようなグローバル企業には、多様な価値観を持つ人財がいることはとても重要で、互いの多様な見方が刺激を与え合い、職場や組織全体を活性化させます。

しかし、日本の多くの企業は、日本人の男性中心で、年次別、学歴別で処遇を決めています。これでは今の時代、そしてこれからの時代、成長し続けるのは難しいでしょう。

権限委譲についても、かなり進んでいます。詳しくは第4章で論じますが、ここで一部だけ紹介しておきます。

当社の組織体系はフラットで、上下関係がほとんどありません。部長、課長、係長といった肩書は存在しますが、それらは職位呼称ではなく、資格呼称にすぎません。実質的には、役員と一般社員の二層構造で、一般社員は自分の判断で自主的、積極的に仕事をして、仕事の幅も自分でどんどん広げています。困ったことや自分だけでは解決できないことがあれば、社員は役員などに遠慮なく相談し、アドバイスを受けますが、基本的には、自分で判断して、自分で行動しています。

ティール組織の部分についていえば、当社の経営はまさに自主経営です。権限委譲の話とも関係しますが、階層などに頼ることなく、各メンバーが自主的に判断し、動いています。

当社は全体性も有しています。自分の人格の一部だけでつき合うのではなく、プライベートの出来事も含め、互いに話し合い、喜びや悲しみを分かち合っています。

もちろん、嫌がることを語らせるなどといったパワハラまがいのことがあるわけではありません。全体性は、各人の個人意思によってなされています。会社として、全人格を出せるような職場づくり、環境づくりをしているため、結果的に各自、自分をさらけ出すことができていると考えています。

存在目的についても、当社は当社の存在目的を常に考えています。"how to do"（やり方）よりも、"what should be"（あり方）をまず考え、重視しています。企業のあるべきあり方を軽視して、「どうやったら儲かるか」などとは決して考えません。

以上のようなことを考えると、当社は多少はティール組織であるといっても許されるのではないかと思っています。

◈「自己組織化」できている組織とは何か

日本レーザーは最初からティール組織を意識したり、目指したりしていたわけではありません。

というのも、『ティール組織』が発刊される前から、当社はティール組織的な経営をしていたからです。『ティール組織』を読んでみたところ、当社の組織のあり方、経営のあり方によく似ていることに気づいたのです。

ティール組織とは別に「自己組織」という概念があります。「自己組織化」「自己組織性」「自己組織的」などということもあります。自己組織はティール組織とは違いますが、似ているところもあります。

社会学における自己組織という概念は、社会学者で東京工業大学名誉教授の今田高俊氏が考案しました。さらに、経営コンサルタントで、日本経済大学大学院教授でもある髙橋宏誠《こうせい》氏がこの自己組織化の理論を企業などの経営に当てはめる研究をしました。

今田氏の著書『混沌の力』（講談社）と髙橋氏のお話を参考にしつつ記すと、自己組織性とは、システムが環境との相互作用を営みつつ、自らの手で自らの構造を作り替えていく性質です。自己組織性の本質は、自己が自己のメカニズムに依拠して自己を変革させることにあります。外、つまり環境からの影響がなくても、自らを変化させうることが重要です。

会社の場合を例に簡潔に説明すると、「自立した社員が創造的な活動をして、さまざまな変化に対応できる組織」が自己組織です。

誰かに注意されたり、外圧があって自分の考えや行動を変えたりするのは、自己組織的ではありません。他者からの注意や指摘、意見などがなくても、自律的に秩序を作り出していけることが自己組織的です。

自己組織化を生み出すには、4つの条件が必要です。

①創造的な個の営みを優先させる
②揺らぎを秩序の源泉とみなす
③不均衡および混沌（カオス）を排除しない
④コントロールセンターを認めない

以上の4点が自己組織化には必要です。でも、これだけではよくわからないでしょう。次項でもう少し説明を加えてみます。

◈システムよりも、創造的な個人を優先する

①の「創造的な個の営みを優先させる」とは、個人をシステムよりも優先させるということ、個々人の自己実現を支援するような組織づくりをしているということです。

私が「創造的な個の営みを優先させる」事例として思い浮かべるのは、たとえば、サッカーのチームです。

2018年にロシアで開かれたサッカーのワールドカップで、日本代表チームは世界の16強に入りました。そこでは、本田圭佑、香川真司、長友佑都、乾貴士……といった選手たちがピッチ（グラウンド）を自在に動き回り、躍動していました。思うにこれは、システムよりも個を優先させている組織づくりです。本田選手や香川選手などの「創造的な個の営み」をシステムよりも上位に置いて、そのあとでシステムを考えているのだと思います。

サッカーにおいても、システムを優先させるチームづくりもあるでしょうが、そうではなく、個人を優先させるシステムづくりもあるはずです。ロシア・ワールドカップでの日本代表チームは、創造的な個の営みを優先させていたのではないでしょうか。

②の「揺らぎを秩序の源泉とみなす」とは、すでにある型からはみ出す「揺らぎ」を新し

い秩序の源泉と考えようということです。

その際には、組織のビジョンや目的、目標を、組織のメンバー一人一人が共有して、各人が主体的、自主的に仕事に向き合うことが重要です。

揺らぎを排除しないで、受け止め、受け入れ、大切にするというのは、経営者が非常に苦手とするものでしょう。「俺が作った規定どおりに動け、働け」などとは言えなくなるわけですから。

揺らぎを受け入れられない経営者であれば、それまでその会社にはいなかった異分子的な社員の存在も排除しようとするでしょう。となると、人財の多様性も受け入れられないことになります。

2020年の東京オリンピックのゴルフ会場になっている霞ヶ関カンツリー倶楽部には、女性は正会員になれない規定が少し前までありました。しかし、このことに批判が起きた結果、女性も正会員になれるように規定を変えました。

揺らぎ理論で考えると、このとき起きた批判は、霞ヶ関カンツリー倶楽部にとってはまさに揺らぎです。この揺らぎを、霞ヶ関カンツリー倶楽部は新たな「秩序の源泉」と見なしたからこそ、規則を変えたと考えることもできるでしょう。

◈「社長を認めない」とはどういうことか

③の「不均衡および混沌（カオス）を排除しない」はそのとおり、組織において、不均衡や混沌を排除しないで、受け止めるということです。不調和も不協和も、まずは受け止めるのです。

これも通常、経営者にとっては受け入れがたい事柄です。というのも、職場や社内に不均衡や不協和が蔓延していて、混沌としていたら、普通なら「仕事にならない」と考えるからです。これでは組織として機能しないし、業績は上がらないと考えるでしょう。

しかし、自己組織化理論では、不均衡も不調和も不協和も、混沌すらも受け止めよ、といいます。それは、意見のぶつかり合いなどを恐れず、ためらわず、そのストレスや不安に耐えろ、ということです。これらなくして、新たな秩序や成長はないと、自己組織化理論では考えられています。

④の「コントロールセンターを認めない」の「コントロールセンター」は「制御の中枢」で、企業でいえば、社長などの「経営トップ」のことです。

では「社長を認めない」「経営トップを認めない」とは、どういうことでしょうか。これ

は つまり「トップダウンを認めない」ということです。さらにいえば、「組織のメンバーの自由度を広げる」ことです。

私は社員に「キミが社長のつもりでやってみなさい」と言うこともあります。社長だから、裁量の範囲は非常に広いことになります。その社長になったつもりで、交渉したり、営業したりするのだから、自由度が高くなる一方、重圧もかかります。それでも、ほとんどの社員のモチベーションは格段に上がります。

トップダウンの経営は、確かに自己組織的ではないし、ティール組織的でもありません。この経営のあり方では、社員は指示待ち族になるし、主体的、能動的な仕事はしません。トップの指示に従い、唯々諾々と、あるいは不承不承に仕事に取り組みます。

トップダウンの経営が必要なときもあります。私が1994年に日本レーザーの社長に就いたときは、まさにそういうときでした。トップダウンで経営しないと、会社が行き詰まるのは目に見えていました。個人の自由、社員の個性、揺らぎ、混沌……これらを尊重していては、破綻するのは火を見るより明らかでした。

だから、私は強いリーダーシップを発揮して、企業として、組織としての、最低限の形を整えました。この時期の日本レーザーには、コントロールセンターが必要だったのです。

しかし、いつまでもコントロールセンター頼みでは、企業の成長には限界があるし、何より社員など、働いている人たちが仕事にやりがいを見いだせないでしょう。社員はオレンジ組織のメタファーである機械のようなもので、「自分は何のために働いているんだ」という疑問がわき、「この職場で生きがいは見つけられない」と失望するのが容易に予想できます。

一方、コントロールセンターを認めないと、つまりトップダウン経営を排除すると、組織は劇的に変わります。

もちろん、単にコントロールセンターを認めないだけでなく、そうしてもよいだけの組織の環境が整い、個人のやる気や能力が備わっていることが必要です。では、そのためにはどうしたらよいのかについても、第2章以降で詳述していきます。

ティール組織も自己組織も、今とこれからの時代に求められる組織のあり方だと私は考えています。これらの理論と実践は、今後の企業のグローバルスタンダードになっていくでしょう。

◈目指すべきは「進化した日本的経営」

「日本的経営」という言い方があります。この言葉は幾つかの意味で使われますが、アメリカの経営学者であるジェームズ・アベグレン氏（1926—2007年）が唱えた「日本的経営」は、なかでも有名です。

アベグレン氏は1958年に発刊した著書『日本の経営』で、日本企業の特徴として「終身雇用」「年功序列」「企業別組合」の三つを挙げました。

しかし、アベグレン氏のいう日本的経営は今では、ほぼ過去のものになりました。終身雇用や年功序列を掲げる企業はかなり珍しくなりました。従業員の側も、多くは終身雇用や年功序列を期待してはいないでしょう。転職も当たり前のようにあります。

労働組合がある企業は今もありますが、労組の全国の組織率は約17%です。80%以上の雇用者が労組に加入していません。

このように、「終身雇用」「年功序列」「企業別組合」の日本的経営はほぼ崩壊したといってよいでしょう。確かにこの日本的経営は今やあまり通用しないし、これからの時代に適した経営のあり方ではないと思います。

しかし、すべてを捨て去るのは惜しいとも思います。特に私が惜しいと思うのは「終身雇用」です。この終身雇用を私は「生涯雇用」と表現しています。

生涯雇用は大きなセーフティーネットになります。希望するなら、生きている限りは、元気な限りは、その会社に勤められる。そのことで大きな「安心」が得られます。リストラという解雇が横行する時代、このことの意味は決して小さくありません。企業にとって、生涯雇用は「一丁目一番地」、つまり最優先事項だと私は思っています。

そこで私は、ティール組織や自己組織とともに、新たな日本的経営である「進化した日本的経営」を提案したいと思っています。

進化した日本的経営で重要な要素は「生涯雇用」と「ダイバーシティー（多様性）」です。ダイバーシティーを導入すると、国籍、人種、性別、年齢、学歴などにこだわることはなくなります。これらは採用においても、評価においても、仕事をする上でも、意味をまったくなさなくなります。問われるのは、仕事に対する意欲や姿勢であり、結果であり、価値の共有です。

日本的経営のすべてを捨て去る必要はありません。日本的経営のよかったところは、残し、活かすことを考えるべきです。その最たるものは終身雇用＝生涯雇用でしょう。しかし、改善すべきところも少なくありません。年功序列はその最たるもので、単に年齢が上だから、入社したのが先だからといった理由で、出世したり、給与が多かったりするのは、今となれば悪習慣です。やはり、頑張った人、結果を出した人が報われる制度を構築すべきです。

改めるべきは改め、活かすべきは活かす。そうした「進化した日本的経営」を21世紀前半の私たちは構築していくべきだと考えています。

第2章

社員ファースト、お客様セカンド

◈「顧客第二」ではブラック企業になる

私が考える会社の目的は二つあります。

一つは「働くことで得られる喜びを提供する」ことです。この目的を達するには、雇用し続けることが求められます。

もう一つは「雇用した社員がその仕事を通じて成長する」ことです。となると、仕事で成長するような機会を会社は提供することが大切です。

ここには、私の思想の根幹が表れています。それは「社員が大事」ということです。この「社員」には、正社員だけでなく、契約社員、派遣社員、パート、アルバイト、日本レーザーの社屋の清掃員なども含んでいます。これら広い意味での社員を日本レーザーの「仲間」だと、私は思っています。

ですから、私にとって、社員（広い意味での社員）は極めて大事で、かけがえのない存在です。経営者である私は、社員こそ、最も大事にすべき存在であると思っています。

こういうことを書くと、それは身びいきではないかと思う人もいるかもしれません。経営者ならば、自分のところの社員より顧客を大事にすべきではないか、と思う人もいるでしょう。

なるほど、と私は思います。そういう意見もあるだろうな、と。しかしもちろん、身びいきで言っているわけではなく、顧客が大事でないと言っているわけでもありません。

いうまでもなく、お客様は非常に大事です。しかし、私はあえて「顧客第一」を掲げてはいません。お客様より、「社員第一」と言っています。

なぜか――。顧客第一にすると、ブラック企業になるからです。

お客様こそが大事だ！　お客様のことを何よりも第一に考えろ！　自分のことは後回しだ！　……トップや上司がこうした指示を出すと、社員はその指示を無理してでも守ろうとします。まじめで一所懸命な社員ほど、けなげに頑張ります。

その結果、どうなるか。深夜残業をしたり、24時間サービスも厭《いと》わなかったり……。

家に帰って、ビールでも飲んでくつろいでいるときに、お客様から問い合わせが入ったとします。連絡を受けた上司は「今から○□さんの会社に行ってくれないか」と、部下に電話を入れるかもしれません。「お客様のためだ。すぐに行くように」と強く言う可能性もあります。となると、夜遅い時間であっても、部下は行かざるをえなくなるでしょう。

そうした無理が生じてしまうのです。こうしたことが繰り返されると、なかには、追い詰められて、精神を病んだり、最悪の場合、自殺してしまう人もいます。これではいったい、何のための会社でしょうか。社員の幸せはどこにあるのでしょうか。

つまり、顧客が最も大切であると考えると、さまざまな無理や弊害が生じてしまうのです。重ねて言うと、お客様は非常に大切な存在です。しかし、それと同時に、社員も大事なのです。

それどころか、会社が社員を最も大事な存在であると考えると、実はお客様を大事にする循環が出来上がります。社員はお客様を第一に考えるようになるのです。これもまた、私が「社員第一」を掲げる大きな理由です。

◈社員とその家族がいちばん大切

会社が社員を第一に考えると、社員はお客様を第一に考えるようになるとは、どういうことでしょうか。

人は、自分が受け入れられ、信頼され、正当に評価されていると思えると、自分に自信や誇りを持てるようになります。自分が置かれた環境や自分自身に充足感を持てるようになります。

そのためには、会社は社員にその充足感を与えることが必要です。それは、心地よく働ける環境や正当で透明性のある評価、互いの信頼関係などです。これが「社員第一」の思想です。

「社員第一」の思想を実践できると、社員はお客様のことを考えるようになります。自分が得ている充足感を他者にも与えようと考えるようになるからです。

会社はお客様によって支えられていることにも、心底、思いをいたすようになるでしょう。お客様がいないと、会社は存続できなくなる。つまり、自分を大切にしてくれている会社がなくなる。そのことに改めて気がつくでしょう。

こうして考えると、会社→社員→顧客→会社→社員→顧客……という循環になっていることがわかるでしょう。

会社が社員を大事にすることで、社員はお客様を大事にする。社員から大事にされたお客様は、その社員のいる会社を大事にしてくれる。こういう循環です。

会社が社員を大事にしないと、どういうことが起こるでしょうか。まず何より考えられるのは、部下が上司にゴマをするようになることです。信頼されていなく、正当な評価も受けていないとなると、上司にゴマでもすって、よく見てもらおう、取り入ろうという思いを抱くようになるからです。そうやって、昇給や昇進を狙うしか、充足感を得られなくなるのです。

残念ながら、日本の多くの企業で、こうしたことが起きています。「俺にゴマをすっているんだな。かわいいヤツだな」などと思っている社長や管理職がいるようでは、その会社の未来は暗いといわざるをえません。

実は日本レーザーでは、社員第一であることを明文化しています。当社には「クレド」という経営陣と社員の約束があります。

「クレド（Credo）」は本来、「信条」「志」「約束」を意味するラテン語です。企業活動のより所となる価値観や行動規範を簡潔に表現した文言としても用いられることが多い言葉です。

当社では、このクレドを「経営陣と社員の約束」と位置づけているのです。もっと正確にいえば、日本レーザーにおける「働き方の契約書」です。経営陣は社員に約束し、社員は経営陣に約束します。互いに約束し合う形です。

そのクレドの「経営としての約束」の「経営の原則」の項目に「お客様満足より、社員と家族の満足が第一です」と明記しています。お客様の満足よりも、社員とその家族の満足のほうが大事だと、はっきり書いているのです。こういうクレドは、かなり珍しいのではないでしょうか。

社員第一、社員とその家族が第一という理由はすでに書いたとおりです。社員をいちばん大事にすることは、結局、お客様を大事にして、会社を大事にしてもらえることにもつながるのです。

◈単身赴任させるのは、経営的に間違っている

「才知ある人」「役に立つ人」といった意味の「じんざい」は、通常「人材」と書きます。しかし、日本レーザーでは「人財」という言葉を使っています。人を「材料」ではなく、「財産」であると考えているからです。

当社のクレドの経営理念でも「人財」を使っていて、その(1)に「私たちにとって最も大事な資産は人財です。人を最も尊重しています」と記しています。これは決してお題目などではなく、骨の髄からの理念です。

たとえば、単身赴任をさせる企業は少なくないと思います。特に大企業では、単身赴任は珍しいことではありません。しかし私は、単身赴任を前提とした辞令は非常によくない慣行だと思っています。

大手の商社やメーカーなどでは、8年とか10年などといった長期に及ぶ単身赴任をさせている会社もあります。夫がそこの会社の社員であれば、妻や子供と8年以上も離れて暮らす

ことになります。

たとえば、10年間の単身赴任を強《し》いられた場合、8歳で小学2年生だった子供は、高校を卒業する年齢になっています。8歳と18歳では、まるで違います。片や小さな子供、片や若者や青年と呼ばれる年齢です。その間の多感な時期を父親と過ごすことができないのです。家族にとってこれは、残酷なことではないでしょうか。

しかし、この残酷なことが、日本では法律的に認められています。業務上の必要性が認められれば、配置転換は有効である、つまり単身赴任も夫婦別居も有効であると、最高裁判所の判例で確立しているのです。

この判決に対し、私は違和感を覚えますが、法律的にはひとまず受け入れようと思います。しかし、経営的に、あるいは人道的に、正しいことかと問われれば、「正しくない」というのが私の考えです。仮に法律的に許されたとしても、経営のあり方として、あるいは人の道として、正しいとは思えないのです。

当社の男性社員でも、かつて前職で単身赴任の辞令を受けた例があります。その男性はかつてある大手メーカーに勤めていました。職場内で知り合った女性と結婚して、新婚旅行に出かけました。

ところが、新婚旅行から帰ってくると、男性のほうに異動の辞令が出たのです。「キミ、悪いが、来月から関西の工場に行ってくれ」。彼はそう言われました。

2人とも東京勤務でした。男性のほうが関西の勤務になると、さすがに別居せざるをえません。「こんなことになるなら、結婚しなければよかった」。しばらく経ってから、妻は夫にそう言ったそうです。

女性のこの思いを、私は当然だと思います。同じ職場で知り合い、互いに惹かれ合い、今と将来の温かい暮らしに思いを巡らし、結婚したのです。それが新婚旅行から帰ってきた途端、引き裂かれるような辞令を受けることになったのです。法律的に問題がないからといって、適正な経営のあり方ではないと私は思います。

夫、つまり男性のほうは1年後にその大手メーカーに辞表を出し、日本レーザーに転職しました。技術系で英語もでき、意欲にあふれる人なので、即座に採用しました。今は当社の有力な戦力として活躍しています。

日本レーザーでは、このような人事は決してしません。そもそも会社の都合より、社員の都合を優先します。会社の都合で、夫婦を、家族を引き裂くなど、もってのほかです。むしろ社員の都合、個人の都合を優先的に考え、会社としてどうできるかを考えます。

そんな甘い考え、理想にすぎぬ考え、建前的な考えで、経営ができるのか⁉ と思う人もいるでしょうが、できなくはない、というか、はっきりと「できる」といえます。その事例を一つ紹介しましょう。

◈「会社の都合」より「社員の事情」を優先する

当社の業務部に朝倉和恵という女性社員がいます。朝倉は38歳のときにパートで働きにきて、1年後に嘱託社員になり、42歳で正社員になると同時に課長になりました。

朝倉は夫と娘2人の4人家族です。夫は滋賀県に単身赴任で、彼女は高校生と中学生の娘2人と神奈川県に住んでいます。

「在宅勤務の日を作ってもらえないでしょうか」。あるとき、朝倉が私にこう言いました。高校生と中学生の子供を抱え、実質的な母子家庭で毎日、神奈川から東京の西早稲田に出社するのはきついというのです。すでに正社員で課長でした。

「週に1回というのは、今は難しいかな。とりあえず、月に2回程度ではどうだろう?」。私がそう提案すると、彼女は「それでもかなり助かります」と答えました。

当社の就業規則に正社員の在宅勤務に関する規定はありません。しかし、私は「よし、わかった」と二つ返事で朝倉の月2回の在宅勤務を認めました。就業規則には、次に改訂する際に「正社員の在宅勤務を認める」旨を書き加えればいいのです。

朝倉には、在宅勤務とともに「1日7時間勤務」も認めています。当社には、正社員の短時間勤務制度があるのです。

神奈川にある朝倉の家から西早稲田にある当社まで、片道2時間かかります。往復で毎日4時間かかるのだから、通勤だけでもけっこう大変です。しかも彼女は、夫のいない中、主婦業もしなくてはならない。家事は娘たちも手伝ってくれているとはいえ、しなくてはいけないことも多いでしょう。そうした「個人の事情」を私は尊重したいと思います。

「1日7時間勤務」の正社員はほかにもいます。白川沙織という女性で、彼女も子育て中です。

通常は8時間勤務なので、7時間勤務の正社員の給料は8時間勤務の正社員の7／8になります。仮に月給40万円であれば、35万円になるということです。

白川は子供が小さかったとき、育児休暇を取っていましたが、復職を予定していた日になっても、保育園に空きが見つかりませんでした。白川から相談を受けた私は、保育園に空きが出るまで、彼女の復職を待つことにしました。生涯雇用を約束し、社員とその家族の満足を第一にすると謳っているのだから、当然です。

少し前には、子供を保育園に送ってくるため、定刻より30分遅く出社する男性の正社員もいました。

◇社員の事情を考え、外国で在宅勤務にした

夫が海外に転勤することになり、夫とともに海外に移り住むことになった社員がかつていました。周可馨《しゅうかけい》という中国出身の女性です。

周は上海の大学を卒業後、日本に留学し、国立大学の大学院で修士号を取得しました。中国語、英語、日本語を自由に操る、非常に優秀な女性です。

2000年に当社に入社し、事務職を経て営業職で活躍し、私生活では同じく中国出身の男性と結婚もして、順風満帆の日々を送っていました。そうしたある日、夫に上海への転勤辞令が出たのです。2002年のことで、期間は1年間でした。

「辞めなくてはいけない」。周は悩んでいました。相談を受けた私は、どうするのが最善か考えました。

こうしたケースの場合、女性が会社を辞めて、夫と一緒に上海に行くパターンが一般的には多いでしょう。場合によっては、女性を休職扱いにして、1年後に復職してもらうことを考える会社もあるかもしれません。でも、せいぜいそこまでです。

私はこれらとは異なる判断をしました。周に上海の自宅で働いてもらうことを考えたので

す。

「周さん、上海のあなたの家を日本レーザーの上海支店にして、家で働いたらどう？　ボーナスは払えないけど、給料は全額支給するよ」

私は彼女にそう提案しました。いわば上海での在宅勤務です。彼女は驚きつつ、快諾しました。

周には年間300万円の給与を払いました。2002年当時、中国の物価は日本の1／10くらいだったから、300万円は中国で3000万円の貨幣価値がありました。彼女の両親はたいそう驚いたそうです。

上海で彼女は、メールや電話で東京本社や取引先などと連絡を取り合う仕事をしました。頑張ってくれたのですが、1年間、受注ゼロ、売上げゼロという結果に終わりました。それも仕方がないな、というのが私の思いです。ところが、ここからの周の頑張りと活躍は、私の想像を十分に超えるものでした。

1年後、夫とともに帰国した周は、東京本社に復帰しました。恩義を感じたのでしょう。本当に懸命に働いて、営業成績はメキメキ上がり、ナンバーワンの稼ぎ頭になったのです。「周さんがいる限り、日本レーザーとの取引はやめない」とまで言うドイツのメーカーもありました。

周にについては、このあとも、彼女の事情を優先したことがあります。日本に復帰後、まもなくすると、彼女の夫が今度は東京から京都に転勤することになりました。このときは、2人に子供が生まれていました。

こういう場合、夫だけ京都に単身赴任するケースが多いでしょう。しかし私は、周に大阪支店への転勤を提案しました。京都と大阪なら、それぞれの会社の中間点あたりで、家族一緒に住むことができます。周には、大阪支店の仕事をしつつ、東京の仕事も一部してもらえばよいのです。彼女は喜んで大阪支店に行くことにしました。

多くの企業は、会社の都合や業務上の必要性などに合わせて、社員をはめ込んでいきます。会社の事情が優先されています。これでは、社員は「物」や「材料」のようです。会社のこのあり方に、私は与《くみ》することができません。

社員にはそれぞれ事情があります。個人の事情、家族の事情など、いろいろあります。そうした個々の事情を優先的に考えたいと私は思っています。

だから当社では、社員の事情やライフスタイルに合わせて、会社の対応を変えています。新婚の夫婦を引き裂くような異動など言うに及ばず、社員の事情やライフスタイルを最大限取り入れるように努めています。

そうしたからといって、業績が落ちることはいっさいありません。それとこれとは別の話なのです。といいますか、むしろ社員のモチベーションは上がり、業績の向上に寄与しさえします。社員も会社もハッピーになるという成果も期待できるのです。

◈キャリアは自分で決められる

日本レーザーでは「社員の都合に合わせて仕事を作る」こともします。

40代半ばの女性が派遣社員として、当社に働きに来ました。派遣契約の期限が来て、派遣会社に戻ることになりました。ところが、彼女は「戻りたくない」と。「こんないい会社はほかにないから、ここで働かせてほしい」と言ってきました。

彼女は「パートでも構わない」と言います。派遣社員からパートになると、年収は1／4～1／5に激減します。

「それでも構わない。お金の問題じゃなく、生きがいの問題なんです」と言います。結婚していて、夫がいるから、金銭面での心配はそれほどないのでしょう。「この会社が好き。ここで働きたい」という彼女の言葉に、私も動かされました。

「じゃあ、これからはパートとして、引き続き働いてください」。私はそう言って、彼女にパートとして働いてもらうことにしました。

ただ、仕事はどうしようか、とも思いました。彼女が担当する仕事はあるだろうかと思ったのです。

そこで思いついたのが、子供が病気がちのため、会社をしばしば休む正社員の仕事を手伝ってもらうことでした。

しかし、その正社員が休まなくなったら、彼女がすべき仕事は？　ほかの社員に意見を聞いたところ、総務の仕事を手伝ってもらえると助かるという意見が出ました。これで、パート女性の仕事は当面、しっかりあることになりました。

今、そのパートの女性は総務の仕事に、正社員などと一緒に取り組んでいます。勤務時間は1日4時間です。「会社に来るのが、毎日楽しみです」と言ってくれて、私としてもうれしい限りです。

当社では、原則として「希望の職種に就ける」ようにしています。逆にいえば、望まない職種には就かせないようにしています。

たとえば、こういうことがあります。事務職として採用した女性社員が3人いるのですが、途中で「営業に移りたい」という本人の希望を受け入れて、いずれも営業職に異動しました。

そのうち1人は途中で退職し、もう1人は亡くなってしまうという不幸がありましたが、残る1人は今も営業として活躍しています。

その活躍している女性は、7年間、事務の仕事をしていました。本人の希望で営業職になりましたが、営業成績はさっぱり振るいませんでした。

出産を経て、会社に復帰したとき、「もう一度、事務職に戻るか」と聞いてみると、「いいえ、営業をやらせてください。営業をやりたいです」という返答でした。プライドもあったのでしょう。

「もう一度、営業で勝負したい」。彼女の強い思いを尊重して、営業職として復帰してもらいました。その後の彼女の活躍は目覚ましく、今では、ドイツのパートナーから「彼女のおかげで日本で史上最高の売上げを達成できた」と、感謝されているほどです。副課長として、営業部員としてなくてはならない存在になっています。

当社では、原則として、希望する職に就けるし、自分のキャリアは自分で決められるのです。会社側から「キミはこの仕事をしなさい」と指示命令をすることはないのです。

◈「仲間意識」と「連帯感」が組織を強くする

日本レーザーでは「みんな仲間」だと考えています。ここでいう「みんな」は、当社の役員、正社員、契約社員、嘱託社員、パート、アルバイト、さらに当社のビルの掃除に入ってくれている清掃員などのことです。

そこに、接し方の区別はありません。日本レーザーに関わる仲間という意味では、まったく同じであると認識しています。

正社員だから偉い、嘱託社員だから言われたことだけしていればいい、パートだからかしこまっていないといけない、などといったことはいっさいありません。それぞれがそれぞれの立場で日本レーザーの仕事に一所懸命に向き合ってくれればよいのです。そこに上下関係はまったくありません。

こういう気持ちで接する仲間意識、連帯感、一体感というものは、とても重要です。

第1章で書いたように、自己組織化を生み出す条件の一つに「創造的な個の営みを優先させる」ことがあります。その事例として、ロシア・ワールドカップでのサッカー日本代表チームがあると書きましたが、個人を優先させるシステムといっても、組織に所属している以上、勝手気ままに振る舞う一匹狼の集団では、組織は機能しません。

「俺は優秀なんだ。おまえらとは違う」

「私は私のやり方でやります。結果は出しますから、私のやり方に口を挟まないでください」

「どうして僕の言うとおりにしないんですか。僕の言うとおりにしさえすれば、業績は上がるんだから、とにかく僕の言うとおりにしてください」

……いくら優秀だからといっても、こうした唯我独尊タイプがいては、組織として力を発揮することはできません。

多様性を持った人財、個性豊かな人財、独特の発想を持った人財は貴重だし、当社としても求める人物像です。

しかし、自分さえよければいいという独善的な人や、自分の利益のみを追求するような利己的な人は、少なくとも組織人には向かないでしょう。徹頭徹尾、自分の思いどおりにしたいのであれば、自由業者になるか、起業して自分の会社を持てばよいのです。

しかし一方、優れた個人が集まり、各人が仲間意識を持って連帯していれば、その集団は組織としても大きな力を発揮します。組織として大きな力を発揮するのだから、当然、その企業はどんどん成長していくでしょう。

◈正社員も非正社員も掃除をしてくれる人も、みんな「仲間」

会社設立記念の周年パーティーは、毎年、東京のホテルで行っていますが、私たちは、日本レーザーのメンバーは「みんな仲間」と思っているから、正社員だけでなく、契約社員、嘱託社員、パート、アルバイト、そして、当社のビルの清掃員も招いて開催しています。

大阪支店と名古屋支店で働いているパートの女性も、パーティーには招待しています。交通費や宿泊費などの費用は当然、会社持ちです。

清掃員まで招待することに疑問を持つ人もいるでしょう。ビルの清掃会社には、日本レーザーから清掃費用を払っています。そのため、清掃員が来てくれて、当社をきれいにしてくれています。ということは、日本レーザーで清掃員を間接雇用していることと同じです。

それに何より、毎日のように顔を合わせ、挨拶を交わしている間柄です。世間話もします。それで仲間でない理由がどこにあるのでしょうか。

「おかげさまで50周年を迎えられました」「おかげで今年で設立51周年です」……そうした感謝の気持ちをみんなで分かち合い、伝え合いたい。その気持ちに、正社員と非正社員などの区別はまったく関係ないと思っています。

周年パーティーだけでなく、忘年会や社員旅行にも、清掃員も招待します。もちろん、無理に誘うようなことはしませんが、参加したい気持ちがあるのなら、一緒に楽しみたいのです。

非正規などを含めた社員はとても仲がよく、特に女性はその傾向が強いです。例を一つ挙げると、本社の女性社員は毎日、昼休みに8～10人がオープンスペースに集まります。そして、持参した弁当や、コンビニで買ってきたサンドイッチなどをワイワイガヤガヤ、楽しそうに食べています。

あるパートの女性は、このランチタイムが「生きがいです」とまで言います。彼女は午前2時間、昼食1時間、午後1時間30分のために、当社に来ます。3時間半しっかり働いてもらって、1時間楽しく食べて、語らう。私はそういう時間を彼女に提供できていることをうれしく思っています。

◈「CAR」で海外の取引先とも仲間になれる

仲間意識に関しては、社内だけでなく、顧客とパートナー（の企業）に対しても持っています。

顧客というのは、当社が海外のサプライヤーから輸入した製品を購入してくれる日本の会社や大学、官公庁などです。これが顧客、つまり当社のお客様です。

パートナーに関しては、少し説明が要ります。日本レーザーは海外のメーカーから研究や産業用のレーザーや光学機器などを輸入しています。

海外メーカーは、当社に製品を供給するので、その点に着目すると、サプライヤーでもあります。つまり、当社にとって、海外メーカーは海外サプライヤーになりうる存在です。

もう一つ、「パートナー」という言い方があって、これは当社にとっての海外メーカー＝海外サプライヤーの中でも、当社と仲間意識を持って、共通する目的や志を達成するため、力を合わせていく存在です。そうした存在を私たちは「パートナー」と呼んでいます。

このパートナーは、当社にとって、仲間意識の強い存在です。お客様と同様に、関係性の非常に強い存在です。心底わかり合える取引先ともいえます。

当社は14カ国にある約１００社の海外メーカーと取引をしています。上下関係を考えると、通常は海外メーカーのほうが上です。作って供給するほうが「あなたのところにはもう卸さない」と言えば、取引はそれで終わるので、一般的には輸入商社のほうが立場は下なのです。

当社は、できることなら、お客様とも、海外サプライヤーとも、仲間意識を持ってつき合いたいと願っています。当然、そのための努力や工夫をしなくてはなりません。

こちらがいくら誠意を込めて、努力や工夫を重ねても、輸入商社を下に見て、高圧的な態度で臨んでくる海外サプライヤーもあります。そういう会社には「ＣＡＲで行きましょう」と話すと、ほぼ全員が納得してくれます。

さて、この「CAR」というのはいったい何のことでしょうか。これは私が考えた次の言葉の略語です。

C……Confidence

A……Appeal

R……Respect

CARは、そのまま「シーエイアール」と読んでも、覚えやすいように「カー」と読んでも、どちらでも構いません。

Confidence（コンフィデンス）は「信頼」、Appeal（アピール）は「魅力」、Respect（リスペクト）は「共感」の意味です。

「魅力」には"attraction"という語もありますが、"attraction"は「性的な魅力」も含意するため、"appeal"にしました。

「共感」には"sympathy"という語もありますが、"sympathy"は「同情」「哀れみ」も含意するため、"respect"にしました。「お互いに魅力ある存在であろう」という意味です。"respect"には「相手を敬い、共感する」意味を含意しています。

Confidence, Appeal and RespectのCAR、つまり「信頼」「魅力」「共感」の気持ちを共に抱き、その気持ちで一緒に仕事をすることを熱心に話すと、海外の取引先も、ほとんど納得してくれます。

CARは当社にとって、非常に重要なスローガンなので、このあとも折に触れて書いていきます。

◈すべてのステークホルダーと「CAR」でつき合う

お客様との関係も、強い絆を結ぶためにそれ相応の努力や工夫をする必要があります。それには、たとえば「お客様には、粗悪品は決して売らず、クオリティーの高いものを提供する」ということなどが挙げられます。

そんなことは当たり前じゃないか、と思う人もいるかもしれませんが、そうとも限りません。売上げを上げたいがために、粗悪品であることを知っていても、顧客に製品を販売する輸入商社は珍しくありません。あるいは、営業部員の知識不足、理解不足のために、粗悪品を売ってしまうこともあります。

当社はそういうことはしません。そんなことをしていては、スローガンの一つであるCAR（信頼、魅力、共感）に反してしまいます。

お客様に、お客様の求める製品、あるいはそれ以上の製品を提供するのは、社員がお客様のことを真摯に考え、大切な存在であると考えているからです。

ここで思い出してほしいのは、当社では社員（とその家族）を第一に考えていることです。だからこそ、社員はお客様を最も大事な存在であると考えることができるのです。そして、お客様は当社を大事な存在であると思ってくださる。そういう循環が生まれます。

お客様に、お客様の求める製品、あるいはそれ以上の製品を提供すると、お客様は喜んでくれます。お客様が喜んでくれると、当社の社員もうれしくなります。仕事のやりがいを感じ、満足感や達成感も味わえます。そういう循環も生まれます。

ＣＡＲのＲ（Respect）は「共感」の意味です。この「共感」をもう少し踏み込んで説明すると、これは「おぬし、やるな」という感覚です。同情的な“sympathy”とは違って、同じ立場、フラットな立場で、互いを敬い、「あなた、さすがですね。ありがとう。一緒にやっていきましょう」といった感じです。

「おぬし、やるな」は、たとえば宮本武蔵と佐々木小次郎の関係のようなものです。共に剣豪である武蔵と小次郎は、互いを認め合っています。フラットな立場で、互いを敬っています。彼らは殺し合いの決闘をするので、その点ではまったく当てはまりませんが、それ以外の「おぬし、やるな」の感覚は、私のいうRespect＝共感が完全に当てはまります。

「おぬし、やるな」は社員とお客様、社員と取引先、社員と上司、社員と社長でも、同様に持ちたい感覚です。この感覚は「好き／嫌い」を超えているのです。好悪《こうお》の感情ではなく、それとは別のところで認め合う気持ちです。

共感、そして「おぬし、やるな」という感覚を持つと、お客様に無理な営業をしたり、下手《したて》に出るような営業をしたりすることは、いっさいなくなります。

「今月、数字が足りないんです。お願いですから、なんとか買っていただけませんか」

「さすがは社長様ですね。お目が高い。この商品は、御社のような日本有数の優良企業様がお使いになるべきです。どうか、わが社の商品をお求めください」

……このような利己的な営業やおべっかなどを使う必要はまったくなくなります。顧客とも対等な関係を築くことができるようになります。

取引先、顧客、社員間だけでなく、企業のステークホルダー（利害関係者）とは、すべてCARでつき合うのが望ましいでしょう。

ステークホルダーが何を指すかには、幾つかの考え方がありますが、私は「経営陣」「社員」「取引先」「お客様（顧客）」「株主」「地域社会」の六つをステークホルダーと考えています。企業はこの六つの存在を大事に思い、誠意を持ってつき合うことが大切です。

その際、キーワードになるのは「CAR」です。「信頼」「魅力」「共感」。この3語を常に意識しながらステークホルダーとつき合う。CARはすべてのステークホルダーと良好な関係を築く大きな一助になるはずです。

◈「2―6―2」のすべてが人財である

人が集まり、集団を作れば、「2―6―2」の割合に分かれるといわれます。上の2割（20％）の優秀な人、6割（60％）の平均的な人、下の2割（20％）の優秀ではない人です。

会社などの組織を考えると、上位2割が組織を引っ張り、中くらいの6割が組織を支え、下位2割が上位と中位の8割にもたれかかっている構図です。

日本レーザーでも、社員の実績を見ると、2―6―2に分かれています。こうした事実を目の当たりにすると、「下の2割を切って、能力の高い新たな2割を採用したほうが、会社は発展するだろう」と考える経営者はいるでしょう。しかし、私の考えはまったく違います。

下の2割に入る人も、決して切ってはいけません。なぜか――。彼らを解雇すると、残りの8割のモチベーションが下がるからです。その結果、組織全体の士気が低下し、職場内の雰囲気も悪化します。社員の心は疑心暗鬼になり、自由闊達な空気は失われ、どんよりと沈滞した雰囲気が漂うようになります。

上位2割のリーダー層も、6割を占める中堅どころも、「明日はわが身か」という思いが頭の片隅を占めるようになります。これでは、会社に対するConfidence＝信頼は失われます。当社の場合、CARというスローガンが崩壊してしまいます。

当社では、下の2割になっても、勤務態度の悪い社員は一人もいません。その人なりに頑張っているけれど、成果が上がっていないケースがほとんどです。

人にはそれぞれ事情があります。「個人の事情」をみんな抱えているし、今後、抱える可能性もあります。がんなどの重い病気になるかもしれないし、交通事故に遭うかもしれないし、地震の被害に遭うかもしれない。親を介護しなくてはいけなくなるかもしれないし、障がいのある子供を授かるかもしれない。

みんな、さまざまな事情を背負ったり、背負う可能性を持ったりしつつ、生きています。そうした中、組織の中で仕事の成績が下位に落ちたからといって、その組織から切られるようでは、その組織への帰属意識も、仲間意識も育まれないでしょう。

反対に「自分がよければいい」「俺の成績がよければいい」「私の評価が高ければいい」という、利己的な人間がはびこるようになる可能性があります。これでは、組織としての力、企業の総合力は、どんどん低下していくことになるでしょう。

当社には、43歳のときに腎臓をすべて失い、週に3回、5時間もの人工透析を受けている社員がいます。人工透析を受けながら、60歳まで17年間、正社員として働き続け、課長にもなりました。

60歳になったとき、さて、どうするか、という話になりました。1級の障害年金も受け取っているので、会社としては、彼を雇用し続ける義務はありません。

しかし日本レーザーは、いったん雇用したら、本人が「辞めたい」と言わない限り、雇用し続けることをポリシーにしています。「まだ働きたい」という人に、「明日からは来なくてよいです」とは言いません。

そこで彼に勤労の意思を聞くと、「まだ働きたい」という返事でした。このひと言で、再雇用が決まりました。

彼は今、大阪支店で定年再雇用の嘱託社員として、週に4日、6時間勤務をしています。裏方の仕事が多いのですが、彼の仕事ぶりにはみんな頭が下がる思いを抱いていて、それだけでも、当社に大きな貢献をしてくれていると思っています。

◈ヘッドハンティングを断る理由

レーザーや光学機器などの輸入商社は、人の出入りの多い業界です。商社間で人が動くことがあるし、海外メーカーが作った日本法人に人が移ることもあります。

商権（輸入総代理店権）と人が一緒に移ることも珍しくありません。転職する際に、自分が担当している商権を持ったまま、新たな会社に移るのです。商権はいわば転職者から転職先への手土産です。

これによって、転職された会社では、人と商権を同時に失うことになります。転職される側から考えると、こうしたことはぜひ避けたい事態です。

幸い日本レーザーでは、私が社長になって以降、社員が同業他社に移ることは非常に少ないです。そして、ありがたいことも起きています。

当社は海外のある大手レーザーメーカー（A社）と創業以来10年以上にわたって、総代理店の契約を結んでいました。

A社は当社との代理店契約を解除し、別の上場企業の商社と代理店契約を結び、最終的には自社の日本法人を設立して、今に至っています。

私たちの業界では、代理店契約を解除するなどの契約解除はさほど珍しいことではないので、このことをとやかく言うつもりはありません。当社とA社の間では、CARの関係までは結べていなかったのだなと、むしろ反省すべきところもあります。ここで指摘しておきたいのは、別のことです。

1990年代の後半、A社から当社の営業部員と技術部員、5人に声がかかりました。「うちに来ないか」というのです。引き抜き、ヘッドハンティングです。

条件は破格の厚遇でした。当社の年収の2倍出すというのですから。

このとき、A社に移った当社の社員は何人いたと思いますか？　2人？　3人？　全員？

実はこれがゼロなのです。1人もいませんでした。全員、日本レーザーに残ってくれました。

このときの話とは別に、次のようなことを話す営業職の社員もいます。

「仮に同業他社から転職の誘いを受けても、移る気はありません。理由は今の仕事が好きで、やりがいを感じているからです。

それと私は、お客様とメーカーさんと当社の3者（3社）で協力して仕事をしています。お互いの希望や要望を知り、それに対し、3者が満足するために、説明し、話し合い、時には飲食を共にしながら、語り合います。

そうして、共通認識を深め、同じ方向を向いて、お客様が望む製品をお客様に届けるようにしています。この過程全体が、とても楽しいのです」

彼のこの発言はまさにCARを体現しています。顧客とも取引先（海外メーカー）とも「信頼」「魅力」「共感」に基づいた関係を築けている、あるいは、そうした関係を築く努力をしています。だからこそ、彼はその関係を保ちたいと思っているのでしょう。

この社員の場合も、A社の誘いを断った当社の社員についても、強制めいたことを私はいっさいしていません。これらは、彼らの自発的な言動です。このことを私はとてもうれしく誇らしく思います。

◈お金で動く人、動かない人

前項の例とは反対側に位置している例を紹介します。海外メーカーのA社から当社の社員に引き抜きの話があった数ヵ月後のことだから、やはり90年代後半のことです。

私は商用でアメリカを訪れていました。そのとき、サンフランシスコの飛行場で、日本電子時代の後輩、荒井君(仮名)に会ったのです。まったくの偶然でした。

「やぁ、久しぶりだな。すごい偶然だ。どうしてまた、サンフランシスコに?」。そう問いかける私の言葉に、彼は「A社の研修に来てたんですよ」と答えました。

A社は先ほど紹介した、海外のある大手レーザーメーカーです。年収は2倍に跳ね上がったといいます。

「俺の収入より多いじゃないか」。そんな冗談を言って、その場は別れました。

それから1年後、荒井君はA社を解雇されました。

話はこれで収まりません。後日、彼と私の共通の友人に、私が会いました。友人は言います。

「荒井君、A社をクビになっちゃったよ。近藤さん、どうだろう。キミのところで、彼を雇ってくれないか。日本レーザーと縁がないわけじゃないし」。友人はそう言いました。

しかし私は、この申し出を丁寧にお断りしました。

「荒井君、お金で動いたよね。うちだって、業績が悪いときはあるよ。生涯勤められることは保証しているけど、給料はA社よりずっと低い。賃下げが起こることもあるしね。そんなうちの会社に、荒井君が耐えられるかな。『話が違う』と言って、また辞めることは目に見えているんじゃないか」

私はそんなことを言って、友人の申し出を断ったのです。

実際、荒井君は日本レーザーの社風に合う人物ではないし、彼にとっても、日本レーザーに来ることは望ましくないと思いました。お互いにとってよくないことは、最初から断ったほうがよいのです。

当社は、雇った以上は、仲間として受け入れた以上は、共に生きる道を探り、その仲間が成長し続けるように全力で支援していきます。そうできないと思えるのであれば、最初から受け入れないほうが、お互いのためによいのです。

◈リストラして株価が上がる不思議

第1章で書いたように、生涯雇用の方針は日本レーザーの「一丁目一番地」です。これなくして、日本レーザーとはいえないほどです。

企業を成り立たせている要素に「ヒト」「モノ」「カネ」があります。さらにいえば、「情報」や「技術」も大事な要素です。

この中で「ヒト」は、当社でいうところの「人財」で、日本レーザーにとって、これほど重要な要素はありません。

しかし、この「ヒト」を切ることで、経営者の評価が高まったり、その会社の株価が上がったりする現象が起こることがあります。私に言わせてもらえば、奇妙で摩訶不思議な話です。

特にバブル経済崩壊後は、そうした現象が顕著でした。人員整理や雇用削減をして、業績を改善させたり、株価を上げたりした経営者がもてはやされるようなことが多々ありました。なんともおかしな話です。社員のクビを切って、その社員や彼らの家族の暮らしを脅かし、それで評価が上がって、何がうれしいのか、と私などは思うのです。

私が考える会社の目的は二つあると、本章の冒頭で書きました。一つは「働くことで得られる喜びを提供する」ことです。そのためには、雇用し続けることが大切です。

もう一つは「雇用した社員がその仕事を通じて成長する」ことです。そのため、仕事で成長するような機会を会社が提供することが大切です。

つまり私は「社員の雇用を守ること」と「社員の成長を促すこと」が、会社というものが存在する目的であり、意味であると考えています。

そうすると、本人が「もう辞めたい」と言わない限り、会社は雇用し続けなくてはいけなくなります。

◈雇用を守ることがすべての基本

当社では、60歳定年が当たり前だった時代から、希望すれば、もっとずっと長い雇用の機会を与えてきました。

たとえば、私が日本レーザーの社長になった1994年、まもなく70歳になる社員がいました。

彼はもともと当社の創業者付の運転手でした。創業者は81年に亡くなり、その後は内勤の仕事をしていました。

彼は95年、70歳まで日本レーザーで働きました。今から20年以上も前から、当社では70歳まで雇用していた実績があるのです。

今では就業規則に、70歳まで再雇用することを明記しています。この「70歳までの再雇用」は、近いうちに80歳まで延長する予定です。

60歳定年制は、人生が50歳とか60歳などといわれていた時代に定められた規定です。ところが、今は「人生90年」「人生100年」ともいわれる時代です。となると、60歳定年制は時代にまったく合いません。

そうした時代背景も受けて、高年齢者等の雇用の安定等に関する法律（高年齢者雇用安定法）の一部が改正され、2013年4月に施行されました。これによって、定年年齢を65歳未満に定めている事業主は「65歳までの定年の引上げ」「65歳までの継続雇用制度の導入」「定年の廃止」のいずれかの措置を実施することになりました。

三つのうちのいずれかの措置を実施することになったとはいえ、罰則規定は何もありません。そのためもあって、これらの措置を講じていない企業は山ほどあります。

当社では、65歳までの雇用延長が規定されるずっと前から、65歳以上の再々雇用を実施しています。それは社員の雇用を守ることが企業の使命であるし、そもそも企業が存在する目的でもあると考えているからです。

「人は一生、成長し続けるもの」と、私は思っています。肉体の成長は20歳くらいで止まるかもしれないし、知識に関する成長は50歳くらいで止まるかもしれない。しかし、人格は60歳以降も、まだまだ成長できます。スピリチュアルの領域に入るかもしれませんが、魂は人が亡くなっても成長するかもしれません。

人は成長するために生まれ、生きているといっても過言ではないと、私は思っています。現代社会において、会社はその成長の場を提供していくべきでしょう。

第3章

社員がモチベーションを高め、成長し続ける仕組み

◈社員の成長が会社の成長である

「社員が成長しないと、会社は成長しない」というのが私の持論です。前向きな言い方をすると、「社員が成長すると、会社も成長する」ということです。

日本レーザーでは「雇用は絶対に守る」と、会社の内外に宣言しています。しかし実は、社員が成長しないと、自ら辞めざるをえなくなることもありえます。

たとえば、お客様に貢献できない、商品がまったく売れない、技術サポートがまるでできない……といった状況が続けば、会社側が肩たたきをしなくても、自分から辞めたくなることもあるでしょう。幸い当社の場合、こうした理由で退職や転職した社員は一人もいませんが、可能性としてはあります。

売上げを伸ばすのも、新規事業に取り組むのも、会社を発展させたり、再建したりするのも、大切なのは社員の成長とモチベーションです。社長が細かいところまで何でもできるわけはないのだから、個々の社員はモチベーションを上げて、成長し続けなくてはいけません。会社はそのための仕組みを作る必要があります。

「社長の器以上に企業は発展しない」といわれることがあります。特に中小企業に対して、そういう意見を聞きます。確かにこれはそのとおりでしょう。私も異論はありません。しかし、それ以上に大切なのは社員の成長で、その前提になるのがモチベーションなのです。

この第3章では、社員がモチベーションを高め、成長していくために、日本レーザーが行っている取り組み、さらに、モチベーションの高い社員を採用できる仕組みを幾つか紹介していきます。まずは採用に関して説明していきましょう。

◈ハローワークを活用する

当社では、求人は基本的にはハローワークに出しています。ポストが空いたら、ハローワークに求人を出すのが基本的なやり方です。新卒一括採用はしていません。

大学に求人票を出したこともなく、ハローワーク以外では、若干の縁故採用と、私の本や当社のウェブサイトを読んで、強烈にアプローチしてきて、入社した人が一部にいるくらいです。

ハローワークを利用するメリットは、何より求人費が無料であることです。たとえば、民間の大手採用サイトを利用すると、求人掲載広告料として、30万〜50万円かかります。これがタダなのだから、ありがたいことです。

ハローワークでは、優秀な人は採用できないんじゃないか、と思う人もいるかもしれませんが、そんなことはありません。

英語によるコミュニケーション能力を検定するための試験であるTOEICで985点（満点は990点）を取る女性社員、財閥系の大手企業から転職してきた女性社員、第2章で紹介した朝倉和恵など、非常に多くの優秀な社員をハローワークを通して採用しています。

かつて在籍していた、中国出身の2人の女性も、ハローワークを通して採用しました。この2人も非常に優秀で、おもしろいエピソードがあるので、彼女たちについては、改めて紹介します。

ハローワークには、かつて大手企業に勤めていた人たちが仕事を探しに訪れることも珍しくありません。なかには、パワハラ、セクハラ、マタハラといったハラスメントを受けて、退職した人もいます。

そうした人は、企業の規模や有名度合い、給与などより、考え方や価値観が合致するかどうかを重視する傾向があります。そして、そういう人は、入社後、本当に頑張ってくれます。

◈一緒に旅する運命にあるか？

私が日本レーザーの社長になってから25年近く経ちますが、この間、当社を辞めた社員はごく少ないです。国際的な活躍を求めて離職した中国出身の人や、外国に駐在する仕事を希望して辞めた日本人などもいますが、今の時代にあって、離職率は非常に低いといえます。

今、就職を希望する新卒者（大学、専修学校、高校の卒業者）は年間１００万人を割っています。せっかく就職できても、３年以内に１／３が辞めてしまう現状もあります。さらに、転職希望者が常に３００万人ほどいるという現状もあります。

この状況の中、中小企業の日本レーザーには、非常に多くの応募があります。その窓口は、ほとんどハローワークにしているのです。

ハローワークに求人を出すと、１００人ほどの応募があることもあります。その中から、書類審査で10～20人ほどに絞り、採用試験を実施します。結果的に、採用がゼロのこともあります。

当社は生涯雇用を掲げているから、いったん採用したら、会社からは決して解雇しません。となると、採用活動はまさに真剣勝負です。大げさに聞こえるかもしれませんが、命がけの活動ですらあります。

フレデリック・ラルー氏の『ティール組織』には、多くのティール組織では、企業とその企業の志望者が互いをよく知るための時間をたっぷり取って、「自分たちが一緒に旅する運命にあるか」を考える、といった趣旨のことも書かれています。

この「一緒に旅する運命にあるか」は、私が考える価値観や理念の共有です。その人の能力やスキルよりも、これは上位に位置するとても大事なことです。ラルー風に言うなら、一緒に旅したい人と出会うのが、当社の採用活動であるといえます。

「他責の人」は要らない

採用試験では「心理分析適性検査」「英文和訳／和文英訳」「作文」「面接」の四つを実施します。心理分析適性検査、英文和訳、和文英訳、作文は各15分ずつです。

心理分析適性検査では、その人の深層心理や潜在意識も推し量ることが期待できます。

英文和訳と和文英訳の試験は、輸入商社として、英語力が必須である当社としては、必要な試験です。しかし近年は、受験者の多くが高い英語力を持っています。商社を希望しているのだから、当然といえば当然です。

それに英語力に関しては、入社後も引き続き高めていってもらいます。働きながら勉強し続けられる仕組みも作っています。

そうしたこともあり、最近では、心理分析適性検査、作文、面接をとりわけ重視しています。これはつまり、その人の価値観や考え方を見ていることにほかなりません。その人の考えは日本レーザーの理念と合致するのか、共に歩んでいく仲間になりうるのか、そうしたことを真剣に見ていきます。

価値観が合わないと思ったら、採用しないことが、お互いのためです。合わない人と共に歩み続けるのは、しんどいものだし、途中で無理が生じてしまいます。だったら、最初から縁を結ばないほうがよいのです。

第2章で、サンフランシスコの飛行場でバッタリ会った、日本電子時代の部下、荒井君のことを書きました。私は彼と再度の縁を結びませんでした。それは価値観が合わず、理念を共有できないと考えたからです。そうした判断を、採用試験のときにも真剣にしているし、そうしなければ、当社の仲間のためにもいけないと思っています。

面接で重視するのは、他責《たせき》をしない人であること、すなわち他人やほかの物事のせいにしない人であることです。

面接をしているとよくわかりますが、他責的な人はよくいます。

「前の会社の社長がひどい人で、辞めました」
「上司に恵まれませんでした」
「仕事がしやすい環境ではありませんでした」
……こういう言い訳のような、他責的な言葉をよく聞くのです。

こうしたことを言いたくなる気持ちもわからなくはありませんが、少なくとも、日本レーザーで求める人財ではありません。

それに、他責的な人は基本的に「自分は正しく、周りが間違っている」と考えがちです。つまり、自己中心的な傾向があります。「ありがとう」「すみません」「お先にどうぞ」といった言葉が自然に出てこない。

当社では、すべてを自責、すなわち自分の責任、自分の過ちとして受け止める覚悟を持つ人を迎え入れたい。そういう人と仲間になりたいと思っています。

◈TOEICの受験を義務づけているわけ

日本レーザーのような商社にとって、英語力は必須です。

まず海外メーカーや海外サプライヤーの人とメールでやりとりしたり、直接会って、交渉したりするには、当然、英語力が求められます。

それだけではなく、英語のウェブサイトを読んだり、英語の文献を読んだりすることも、日常的にあります。そうしたときに、いちいち英和辞典を引いているようでは、仕事になりません。

「ここに書いてあるのは、どういう意味？」などと、毎度のように、ほかの社員に聞くようでは、周りも迷惑します。

当社は互いに協力し合うことを推奨しますが、それは、まずは各メンバーが自律的かつ自立的に仕事をしていることが前提です。そうでなくては、自己組織化など、できません。

英語力を測るには、現状では、TOEICが最適です。かつては英検（実用英語技能検定）の2級以上に合格することを推奨していましたが、途中でTOEICに切り替えました。英検は合格したかしないかに重きがありますが、TOEICは相対評価で偏差値や点数も明瞭に出るので、英語力をより適正に測れると判断しました。

TOEICでは、英語力のリーディング、リスニング、スピーキング、ライティングの四つの技能のうち、リーディングとリスニングの能力を測定します。当社では、この二つの能力を測れれば、とりあえず十分です。

というのも、スピーキングとライティングに関しては、海外出張から帰ってきたら、その内容と成果について、英語で必ず報告させているからです。

社員全員が参加する全社会議の場で、全社員を前に英語で話して報告するとともに、「JLCニュース」という社内報には英語で書いて報告することを義務づけています。これは、スピーキングとライティングの能力の強化に、とても役立っています。

英語でのこれらの報告は、社員の「情報の共有」の面でも、大きな役割を果たしています。ある社員が海外に出張した場合、その内容と成果を全社員に向けて英語で報告するわけですから。そのときに、その英語の報告を聞いたり読んだりしても、ちんぷんかんぷんでは、報告をするほうも受けるほうも困ります。

そうして考えると、英語での報告は、多方面で大きな意味を持っていることがわかるでしょう。

話をTOEICに戻すと、TOEICの試験は、実は英語力が測れるだけではありません。実際に試験を受けてみるとわかりますが、TOEICで高得点を獲得するには、多くの能力が要求されます。200問を2時間で解答しなくてはいけないため、集中力、注意力、判断力、情報処理能力、タイムマネジメントといった多面的な能力が要求されるのです。

私は63歳のときに初めて受験しました。結果は855点。日本電子時代、9年間、アメリカで勤務した経験も功を奏しました。

試験自体は、なかなか過酷だと実感しました。それだけに、挑む価値のある試験でもあります。

当社では、正社員全員にＴＯＥＩＣの受験を義務づけています。１年に３回まではＴＯＥＩＣの受験料は全額、会社が負担しています。

ただ実際には、長年、ＴＯＥＩＣを受験していない社員も、なかにはいます。そういう社員は、後述する「英語能力手当」はいっさいもらえません。原則として、副課長以上に昇格することもできません。

英語を勉強するために英語学校などに通う場合は、会社が費用の２／３を持ち、１／３は自己負担です。やる気さえあれば、英語力に関しても、どんどん成長できる仕組みを作っています。

◈ＴＯＥＩＣの点数に「手当」が付く

日本レーザーは２００７年、正社員になるには、ＴＯＥＩＣを受けて、５００点以上取ることを条件にしました。

ＴＯＥＩＣの点数は給与にも反映されます。ＴＯＥＩＣの点数に関連づけて、英語能力手当を支給しているからです。たとえば、500点台の人は月に5000円、700点台では月に1万5000円、900点以上取ると月に2万5000円、英語能力手当を給料に加えて受け取れます。

大阪支店に10年間、ずっと900点以上取っている女性社員がいます。彼女は英語能力手当を年間30万円、10年間では、300万円得ています。大阪支店の業務グループ長でもあります。

300万円あれば、高級車を1台買うことができます。彼女はTOEICの試験を受けるだけで、高級車1台分のお金を稼いでいることになります。

TOEICの点数は、係長以上の資格を得ることともリンクさせています。原則として、係長格は600点以上、副課長・課長格は700点以上、次長・部長格と執行役員は800点以上取らないと、これらの資格を得ることができません。

第1章で書いたように、当社では、「係長」や「部長」といった言い方は職位呼称ではなく、資格呼称として位置づけています。このことについては、第4章で改めて記します。

上位の資格者ほど高い点数を求めているのは、当社の場合、上の資格者ほど、早く効率的に英語による情報を得ることが求められるからです。この力はTOEICの点数とほぼ比例していることが経験的にわかっているのです。

ＴＯＥＩＣは一度受ければ終わりではなく、８００点以上の人は2年に1回、８００点未満の人は毎年受けることを義務づけています。受験をしないと、ランク（前に取った点数）が下がる仕組みにしてあります。

ですから、希望する英語能力手当を受け取りたければ、勉強し続けて、毎年1回（あるいは2年に1回）以上受ける必要があります。受験料は全額、会社が持つのだから、その点での負担はありません。勉強し続け、受験する意欲があればよいのです。

生涯雇用を維持するためにも、社員のモチベーションと能力を保ち、高めていかなくてはなりません。自分たちの会社は自分たちで守り、維持し、成長させる。そのためには、自分の能力を高める努力をし続けなくてはなりません。

努力する姿勢は大切です。採用に関しても、それはいえます。当社の採用の多くはハローワーク経由ですが、一部には、縁故採用もあります。

かつて、こんなこともありました。私が慶應義塾大学の卒業生であることを知ったある女性が、私にこんなことをおっしゃいました。

「うちの息子も慶應義塾大学の学生で、これから就職活動が始まります。近藤さん、いかがでしょうか。息子をこちらの会社に入れていただけないでしょうか」

「うちは、最低でもＴＯＥＩＣ５００点以上、必要ですよ」と私が言うと、彼女は「息子は附属高校から進学したので、英語が大の苦手でして……」と。

「お母さん、私は普通部（中学校）から慶應だったんですよ。でも、英語はできます。勉強したから、できるようになったんです。希望する会社に入りたければ、息子さんに勉強させてください。努力しないとダメですよ」

私はそのような返答をしました。努力しない人とは、縁を結びようもない。「おぬし、やるな」の関係は築けないのです。

◈英語力の向上は日本全体の問題

日本レーザーに限らず、英語力はこれからの時代、ますます求められるようになります。好むと好まざるとにかかわらず、日本はすでにグローバル化の渦の中にいます。そうした中、英語は今や「読み書きそろばん」といった基礎学力と同じように、生きていくための必須の力になりつつあります。

たとえば、東京ではタクシーの乗客は今や、およそ3割が外国人であるといわれます。英語以外の言葉で話す人もいるでしょうが、最も一般的な言語は英語です。そのときに、英語がまったくわからないと、困ることも多いはずです。「○□ホテル」「△×○駅」と言われたら、そのホテルや駅まで乗せていけばいいでしょうが、そう単純なやりとりですむお客様ばかりとは限りません。

２０２０年には、東京オリンピック・パラリンピックが開催されます。大勢の外国人が日本を訪れるでしょう。

その際、多くの人たちが英語で話しかけてきます。デパートで、スーパーで、コンビニで、あるいは居酒屋で、レストランで、駅で……。英語を母国語としない、非英語圏の国の人たちも、英語で話しかけてくるでしょう。

そのとき、「英語はまったくできないので、日本語でお願いします」と、日本語で言うばかりでは、「おもてなし」を標榜する国としては、いささか看板倒れです。

英語は今や、人生を豊かにする資産でもあります。英語が読めたり話せたりすることで、見える世界は格段に広がります。

最近では、ポータブルの音声翻訳機器が進化したおかげで、お店などでのやり取りは誰でもできるようになりました。しかし、最も大切な人間関係の構築は、最先端の機器でも難しいのではないでしょうか。

学生に限らず、国民の多くが英語を使えるようにするのは、今や、国として求められていることといえるでしょう。

◈社外研修も海外出張も、大事な教育の一環

社員の成長を促すために、さまざまな教育や研修の制度を作っています。その一部を紹介しましょう。

当社では、京都と東京のコンサルティング会社と契約を結んでいて、これまで両社で、合計のべ約80人の社員が研修を受けています。

京都のコンサルティング会社では、30代を中心にした中堅社員が自己革新研修を受けています。1泊2日の宿泊研修を、2ヵ月連続で受けます。1人、約30万円の費用は全額、会社で持ちます。よくある1日の研修では、知識は得られても、人の本質までは なかなか変わりませんが、この研修を終えると、見違えるような変化が見られます。

幹部社員には、1年間、毎月1泊2日、または2泊3日の集中学習をする「経営者大学」という研修を受講させています。1人、年間100万円と決して安くはありませんが、リーダー教育には非常に効果的です。私自身、51歳のときに、ここのコンサルティング会社の経営者大学を受講して、大きな変化と効果を実感しました。

東京のコンサルティング会社では、役員候補の幹部社員が研修を受けています。1人、1

20万円と、こちらも安くはありませんが、潜在意識の活性化が図られ、ほかでは得られない成果を得ていると実感しています。

パートで来ている人にも、希望があれば、研修を受けてもらっています。マインド（意識）とアクション（行動）を引き上げる研修を受けたパート出身の女性は「勉強になりました。これからの仕事に役立てます」と話しています。彼女はその後、営業業務の責任ある立場についています。

当社は海外出張の一部も研修の一環と考えています。

海外に出張するのは通常、管理職、営業職、技術職の社員です。これは国内の会社にも、海外の会社にも当てはまります。

しかし当社では、事務職にも海外に出張してもらいます。これはかなり異例のことです。すでにこれまで、7人の事務員が海外出張をしています。なぜそうしたことをするかというと、それだけの成果が得られるからです。

第2章で紹介した事務職の白川沙織は、上海とカリフォルニアに行っています。海外出張に対する白川の言葉を紹介しましょう。

「カリフォルニアには、業務部の女性と2人で行きました。メールだけのやりとりではわからなく、解決できなかったことも、向こうの担当者に実際に会って、わかり合え、解決できました。相手企業のシステムも理解でき、会社同士の取引のありようがよくわかり、とてもためになりました」

彼女はこんなことを報告してくれました。

メールだけでやりとりしているのと、一度でも実際に会って話してみるのとでは、大きな違いがあります。上手にコミュニケーションを取れば、互いの信頼感、親近感は格段に上がります。

◈売上額の1%は教育・研修費に使う

日本レーザーでは、毎年のべ45人以上の社員を海外へ派遣しています。これは、ほぼフルタイムの社員数にあたります。

3人行けば十分な海外展示会には、10人以上も参加させています。通常は3人で行く海外出張に10人行くとなると、残りの7人の意味は何かという疑問を持つでしょう。この7人の目的は「勉強」です。勉強であり、「研修」です。もちろん、仕事でもあり、実際、仕事もしてもらいますが、主な目的は勉強や研修と位置づけています。

仮に1人50万円の出張費がかかるとすると、7人いれば、350万円です。決して安くはありませんが、社員にとって、海外出張ほど勉強になることはないし、会社としても、見返りは大きいのです。

10人以上で行くといっても、現地では、よく見られるような団体行動はしません。朝から晩まで、一人一人が自主的に、目的に応じて行動します。必要なときには携帯電話で連絡して、トップの支援を受けることにしています。

当社の社員は、海外出張の場でも、自己組織的でティール組織的な行動をとっています。海外出張における緊張感は、多くの気づきをもたらしてもくれます。

当社では、社員の教育費を年間売上げの1%ほどにするようにしています。2017年度の売上げは約39億円だったから、教育費は3900万円です。

当社の年間売上額は、平均すると三十数億円です。だから、だいたい3000万円以上を教育費と考えています。

この「教育・研修費は売上額の1%」を主張しているのは、経営学者で法政大学大学院政策創造研究科教授でもある坂本光司氏です。坂本氏の著作にも、このことは書かれています。

売上額の1%という額は、決して小さくありません。「そんなに出せない」「無理だ」と考える経営者も多いでしょう。

しかし一方、接待交際費や飲食を伴う会議費に売上高の数％を使う会社も少なくありません。そのことを考えると、教育・研修費に売上高の1％をかけるのが果たして高いのか、という思いもします。

ちなみに、2017年度の当社の会議費・接待交際費の合計額は790万円で、売上高の0・2％、教育・研修費の約5分の1でした。

社員を育て、社員が成長してこそ、会社も成長すると考えれば、社員教育への投資は会社のためでもあります。工夫すれば、「教育・研修費は売上額の1％」は、無理な金額ではなくなるはずです。

◈評価は「透明性」と「納得性」が重要

社員のモチベーションを高め、成長を促すには、社員が納得する評価制度を実施することが非常に大切です。

日本レーザーでは、評価に対して、「透明性」と「納得性」を重視しています。

透明性とは、何をしたら本給が上がるのか、何をしたら手当が付くのか、何をしたら昇格するのか、その基準を明確にすることです。

納得性とは、社員が会社の評価を受け入れることができるように、徹底的に話し合うことです。

評価の透明性と納得性を高めるためにも、受注と粗利の結果を事業別、グループ別、支店別、さらに個人別で、社内のすべての人に公表しています。毎月、インターネット上と社内報の「JLCニュース」に発表しているのです。

グループ別や支店別はまだしも、個人の営業成績まで発表されるのは、いかがなものか。さすがに、これには、社員の反発も多いのではないか。……そんなふうに思う人もいるかもしれません。しかし、少なくとも今は、社員全員がこのシステムに賛成しています。

たとえば、入社5年目で、20代後半の営業職の沢口良平は「会社に所属している以上、会社の業績に貢献するのは当然だと思います。その貢献度が社内で公表されることは、全然イヤではないです」と話します。

ただし、この個人の成績発表は開始した当初から社員に支持されていたわけではありません。これには、第2章で紹介した周可馨という中国出身の女性の存在が大きく関わっています。おもしろい話なので、次項で紹介します。

社員の評価は、社員本人、その社員の上司、5人いる役員の3者で行います。

本人と上司が評価を行う場合、本人の評価のほうが高くなることが一般的です。だいたい、7~8割方は本人評価のほうが高くなります。

しかし当社では、多くの場合、本人の評価と上司、役員の評価はほぼ一致します。反対に、上司と役員の評価のほうが本人の評価よりも高いケースもあります。本人の評価のほうが高いのは、せいぜい1割ほどです。

本人の評価のほうが高い場合、上司や役員に意見を言うこともできます。ただし、基本的には、上司と役員の評価が通ります。

しかし、それでも、社員本人は完全に納得します。というのも、役員と本人が1対1で、しっかり話し合う場を設けているからです。本人が自分で付けた評価と上司や役員が付けた評価を比べながら、年に3回、面接を行うのです。

なぜこの評価になったのか、どうしてこの給与になるのか、どこをどう改善すればいいのかを、本人が納得するまで、とことん話し合います。この面接を終えても、不満を言う社員は、まずいません。

評価制度はかなり細かく定めています。詳細は拙著『社員を「大切にする」から黒字になる。「甘い」から赤字になる』(あさ出版)に書いているので、そちらも参考にしてください。

◈ダイバーシティーで組織は変わる

2000年に入社し、事務を担当していた周可馨は、1年ほど経つと「営業に移りたい」と申し出ました。

ただ、初めての営業職です。そう簡単に結果は出ません。営業成績は当初、最下位付近をウロウロしていました。

「下位に位置している周さんの名前もランキング表に出ているけど、周さん、あなたはこれについて、どう思う?」。私はあるとき、全社会議の場で周さんにそう問いかけました。

すると彼女は「これを見ると、私がいちばん下で、上には多くの優秀な人たちがいることがよくわかります。私もみんなに少しずつ追いついて、上がっていきたい。そのためにも、こういうランキング表があると、励みになります」と言ったのです。

日本人の中には、内心では「おもしろくない」と感じた社員もいたでしょう。そのころはまだ、個人成績を公表することを全員がよしとはしていませんでしたから。

しかし、このときの周の発言で社内の空気は明らかに変わりました。中国出身の周の発言一つで、雰囲気がガラリと変わったのです。大げさではなく、これは企業風土が変わった一つの瞬間でもありました。

フレデリック・ラルー氏の著作『ティール組織』では、多元型（グリーン）組織の特徴の一つに「ダイバーシティー」を挙げています。周はまさに、日本レーザーにとって、ダイバーシティーの典型でした（「典型でした」と過去形で書くのには意味があります。そのことは第6章で記します）。

周は日本レーザーを達成型（オレンジ）組織から多元型（グリーン）組織に引き上げる意味でも、大きな役割を果たしてくれたと思います。

多元型（グリーン）組織は進化型（ティール）組織への足がかりにもなります。周の存在、そしてダイバーシティーは、振り返ると、日本レーザーがティール組織の要素を持つためにも、大事な役割を果たしていることがわかります。

さらに、自己組織化においても、周の言動は重要な意味を持ちます。自己組織化を生み出す条件の一つ「揺らぎを秩序の源泉とみなす」の「揺らぎ」を周は当時の社員たちに与え、社内に「混沌（カオス）」を生じさせ、その結果、当社は自己組織に一歩近づけたと考えることもできるのです。

◈「イッツ・アップ・トゥ・ユー」の側面もある

「目標が達成できなかったり、営業成績が悪かったりしたら、自分に跳ね返ってくるだけです。その分、給料が低くなるのは仕方がないし、どこの位置でやるのかも、自分でかなり決められる。だから私は、今の日本レーザーのやり方に満足しています」

これは入社9年目で、営業職の男性社員の意見です。この発言から、彼は自分の待遇にも納得していることがわかります。

さらに、この発言でのポイントは「どこの位置でやるのかも、自分でかなり決められる」という箇所です。

たとえば、英語能力手当についても、このことはいえます。英語を勉強して、TOEICで高い点数を取れば、それだけで、高い手当が付く一方、「TOEICの点数なんて、どうでもいいや」と思えば、英語の勉強はあまりしなくなり、英語能力手当はほとんどもらえません。

「英語能力手当をかなりもらう位置で仕事をするか」「英語能力手当はいらない位置で仕事をするか」、自分で決められるのです。

当社はＴＯＥＩＣの受験を義務づけていて、英語の勉強を奨励していますが、子供や学生ではないのだから、「毎日、30分以上、勉強しなさい」などと、勉強を強制しているわけではありません。勉強するかしないかは、本人の自由だし、本人次第です。

私は社員によく“It's up to you.”（イッツ・アップ・トゥ・ユー）と言います。「あなた次第だよ」ということです。

ＴＯＥＩＣの受験も義務づけてはいるものの、しばらく受けていない社員もいます。そういう社員は、英語能力手当をいっさいもらえないし、昇格にも上限があります。ここにも、“It's up to you.”があります。

会社として、支援はいろいろするけれど、それをどう活用し、日頃どう努力するかは、自分次第です。

日本レーザーは輸入商社だから、英語力は必須で、全員がある程度以上の英語力を有しています。

ただ私としては、さらに高めてほしい社員もいるのですが、そこは本人次第であると同時に、「創造的な個の営みを優先させる」「揺らぎを秩序の源泉とみなす」といった自己組織の特性も尊重しているのです。

実際、英語力が多少劣っていても、優れた「創造的な個」を持っている社員はいます。彼らが生み出す「揺らぎ」もまた、自己組織的です。

◈自分たちで決める「インセンティブ」

社員のモチベーションを上げるために、日本レーザーでは、インセンティブを設けています。ここで言うインセンティブは、夏と冬に支給しているボーナスとは別の成果賞与のことです。

インセンティブは粗利の3％を支給しています。たとえば、100万円の粗利が出た場合、3万円を担当者に支払います。この場合の担当者とは、営業部員と技術部員です。

通常、インセンティブは売上げを上げた人、すなわち営業部員に払われます。しかし当社では、技術部員にも支払います。というのは、当社の場合、営業部員の仕事に技術部員の協力が欠かせないからです。

技術部員の仕事は多岐にわたります。お客様への製品のデモ（デモンストレーション）、お客様への製品の納入、納入後のアフターサービスや修理などです。「目に見える利益貢献」は営業部員が多くを占めますが、「目に見えにくい利益貢献」は技術部員が多くを占めています。

すべて1人の営業部員の尽力によって、売上げと利益が得られたのであれば、その1人の営業部員が粗利の3％をインセンティブとして受け取ればよいのですが、誰かほかの社員の力を借りていれば、その3％は関係者で分け合います。

たとえば、営業部員のXが2200万円売上げ、粗利が600万円になったとします。この受注には、ほかに技術部員のYとZも関わっていたとしましょう。

600万円の3％は18万円なので、等分すると、1人6万円ずつ、インセンティブをもらえることになります。あるいは、営業部員のXが10万円を受け取って、技術部員のYは5万円、Zは3万円受け取るようなこともあります。

これらは、どのように決めていると思いますか。実は、当事者たちが自分たちで話し合って、決めているのです。インセンティブの〝分け前〟について、会社はいっさいタッチしません。社員が自分たちの賞与を決める仕組みを持っているのは、日本レーザーが日本で唯一でしょう。

「そんなことをしたら、社員同士でもめるんじゃないか」と思う人もいそうですが、この制度を導入して10年以上、もめたことは一度もありません。

営業部員は「技術部員がいるから受注できる」と考え、技術部員は「営業部員がいるから受注できる」と考えています。社員間でもCAR、つまり「信頼」「魅力」「共感」の理念が共有されているのです。

このインセンティブの支給は、文字どおり、仕事のインセンティブ（動機、刺激）になります。頑張って成果を出せば得られる、まさに成果賞与なので、うれしいご褒美です。

だから、インセンティブの支給はモチベーションのアップに大いに貢献していますが、それとは別に、この制度には重要な点があります。それは「インセンティブの分配を自分たちで決める」点です。

これはまさにティール組織の自主経営（セルフマネジメント）です。経営陣は関与せず、社員が主体的、自立的、能動的に考え、判断しています。

賞与をいくら受け取るかまで、自分（たち）で決められるのです。これは多元型（グリーン）までの組織にはできないことと自負しています。

◈20時間分の残業代を先払いする

日本の企業の問題の一つに、残業時間が長いことがあります。残業しているほど、高い評価を得る風潮も、まだ多くの企業に残っています。

労働基準法に定められた労働時間は、1日8時間以内、1週間40時間以内です。ただし、労使協定を結ぶと、残業は月45時間まで認められ、さらに特例で無制限に残業することも可能です。

多くの企業で長時間労働が横行し、さらに、それが評価されている実態があります。〝つき合い残業〟もいまだにあるし、上司が残っていると、帰りづらい会社もまだあると聞きます。

これらは悪《あ》しき慣行です。大手企業の新入社員が過労自殺に至るという悲惨な事態も起こりました。

これらのことを背景に、政府は「働き方改革」と法規制の強化に乗り出しています。残業の上限を月45時間と法律で定め、労使協定で特例を設けても、年720時間（月平均で60時間）を超えることを禁止するという政府案もあります。

60時間だろうが、45時間だろうが、残業時間は少ないほうがよいのです。当社でもかつては、夜の10時、11時まで働く社員がいたため、8時半になると、役員が帰るように促していました。そのため、現在は夜遅くまで残業している社員はほとんどいません。

今は原則として、内勤者の残業時間は月に20時間までを基準にしています。そして、外勤の営業員と技術サービス員は20時間分の残業代を先払いしています。

仮に1ヵ月間まったく残業しなかったとしても、20時間分の残業代は支払います。今月は

3時間しか残業しなかったからといって、17時間分を戻す必要もありません。20時間を超えた分は、15分単位で支給しています。

当社は「第1回『日本でいちばん大切にしたい会社』大賞」の「中小企業庁長官賞」を受賞しました。この賞では、残業時間が月に20時間以上の企業はほぼ対象外になっています。受賞している企業の多くは10時間以内です。

会社にダラダラ残って、仕事をしていればよいというわけではは、まったくありません。むしろ生活にメリハリをつけたほうが、仕事に対するモチベーションは上がるでしょう。仕事以外の時間は、家族との団欒《だんらん》や、当社の社員でいえば、英語の勉強などに時間を使ったほうが、充実感を味わえるはずです。

◈週に1回の上司とのメール交換で、社員の成長を促す

「今週の気づき」と「今週の感謝」というメールによる報告も、社員がモチベーションを高め、成長するために役立っています。

いずれも全社員が週に1回、原則として金曜日までに、自分の上司と担当役員にメールで伝えます。そしていずれも、メールを受け取った上司と担当役員は、送った本人に返信しま

す。さらに、社員のメールとそれに対する上司と担当役員の返信メールも、すべて私のもとにCCで送られてきます。

「今週の気づき」では、仕事に関することであれば、「どんなトラブルがあったか」「そのトラブルに対し、どのように対処するのか」などについてメールに書いて、報告します。

報告する内容は、日常生活での出来事、自分の病気やケガ、家族のこと、うれしかったこと、悔しかったことなど、何でも構いません。

ただし、条件もつけています。それは評論家的にコメントするのではなく、自分の決意も表明することです。

その決意は「～したいと思います」ではなく、「～します」と言い切る形で書かなくてはいけません。曖昧さや甘えを排除するためです。

「今週の感謝」では、その週に「ありがとうございます」と感謝した経験を書きます。

感謝した対象は誰でも何でも構いません。たとえば、家族、友人、知人、上司、先輩、同僚、お客様、取引先、海外サプライヤー、会社、何かの団体、あるいは、自然やペットでもよいのです。そうした方々や自然などに、なぜ感謝するのかを手短に書くことが大切です。

できれば1日に3回は、何かに感謝することも勧めています。そして、就寝時にその人やものを思い浮かべて、感謝しながら床に就くとなおよいでしょう。感謝を習慣づけるこれらの仕組みや行動は、私たち自身の幸福度を向上させると確信しています。

「今週の気づき」は主に未来への決意、「今週の感謝」は生かされていることの再確認です。

1日を振り返り、今を一所懸命に生き、未来を見据える。人が成長し続けるためにも、これはとても大切なことです。「今週の気づき」と「今週の感謝」は、社員の成長に大いに貢献しています。

「今週の気づき」と「今週の感謝」は、実は「ティール組織」とも関連します。第1章で紹介したように、進化型（ティール）組織の特徴の一つに「全体性（ホールネス）」があります。

全体性には、言いたいことを言い合い、本音や本心をさらけ出して、組織のメンバーに向き合うといった意味合いもあると、私は理解しています。そうした組織では、個人的なことに関しても、秘密はありません。

もちろん、話したくないことを話す必要はないし、書きたくないことを書く必要もありません。そんなことを無理強いするようでは、それこそパワハラになりかねません。

ただ、全人格をもって接したいと思えば、それができる場が、ティール組織にはあるのです。そういう視点で見てみても、当社には、ティール組織的な要素があるといえるでしょう。

第4章

大幅な権限委譲で、社員も会社も大きく伸びる

◈役員とグループ長の下は同格で、横一線の組織

日本レーザーの役職は3段階しかありません。役員、グループ長、一般社員の3段階です。

ただ実態は、グループ長が役員を兼ねているケースが多いので、そうして考えると、実質的には、2段階ともいえます。つまり、当社の役職は3段階、あるいは2段階と、極めてシンプルです。

第1章で私は「当社の組織体系はフラットで、上下関係がほとんどありません。部長、課長、係長といった肩書は存在しますが、それらは職位呼称ではなく、資格呼称にすぎません。実質的には、役員と一般社員の二層構造で、一般社員は自分の判断で自主的、積極的に仕事をして、仕事の幅も自分でどんどん広げています」と書きました。「実質的には、役員と一般社員の二層構造」と書いたのは、前記の理由によります。

「副主任」「主任」「係長」「副課長」「課長」「次長」「部長」という呼称はありますが、これらはすべて、当社では資格呼称です。もし加えるなら、お客様や取引先に向けた対外呼称でもあります。多くの企業では、これらの呼称は職位呼称ですが、日本レーザーでは、職位と

は何の関係もないのです。

多くの企業とは異なる組織体系なので、少しわかりにくいかもしれませんが、弁護士事務所やコンサルタント会社をイメージしてもらうと、理解しやすいでしょう。あるいは、学校がよいかもしれません。

たとえば中学校には、トップに校長がいて、その下に副校長や教頭がいます。さらにその下に、教務主任や学年主任がいて、その下はベテランから新任まで横一線に並んでいます。ベテランと新任の個別の関係はいろいろあるかもしれませんが、組織的には、上司と部下といった上下の関係にありません。どちらも「学校の先生」として、同格です。

この学校の組織と同じように、当社では、グループ長が管理職として、鍋蓋式にポンと存在しています。ほかの社員は、部長だろうが、次長だろうが、課長だろうが、一般社員だろうが、すべて同格なのです。20年目のベテランの先生も1年目の新任の先生も「同じ先生」であるのと一緒です。だから、当社の組織はかなりフラットなのです。

ちなみに、いったん上がった資格呼称は、少なくとも対外的には決して下げません。たとえば、部長になった人を次長に下げることはありません。一度、名刺に「○□部部長」と刷ったのに、その後、業績が振るわなかったりしたという理由で、名刺を「○□部次長」に作り替えることはないのです。

そういうことをしては、本人のモチベーションが下がってしまいます。お客様や取引先に「△×さん、部長から次長に下がったんだ」と思われて、よいことは何もないからです。ただし、給与に関しては変動が起こります。

◈社員は互いに「さん」付けで呼び合う

パートや非正規社員を含む日本レーザーの社員は、基本的には互いに「さん」付けで呼び合っています。

一部に部下を「～君」と呼ぶ社員がいますが、同僚同士はもちろん、上司と部下も「さん」付けが多数を占めます。年齢も入社年次も、性別も関係なく、互いに「さん」付けで呼ぶのが基本の慣行になっているのです。

社内メールのやりとりも、全員、「～様」などではなく、「～さん」と書いて送っています。

会社として、「さん」付けで呼ぶように指導しているわけではありません。自然に「さん」付けで呼び合う慣行が行き渡った感じです。

ただ、上司が部下を呼び捨てにしないようには指導しています。だから、役員などが社員を「タナカ」とか「スズキ」などと呼ぶことはありません。私自身も社員のことは「さん」か「君」を付けて、呼んでいます。

一方、私は社員から「会長」や「近藤会長」と呼ばれることも、「近藤さん」と呼ばれることもあります。社長のときも同様に、「社長」と呼ばれたり、「近藤さん」と呼ばれたりしていました。

新卒で入社した社員は、私のことを「近藤さん」と呼ぶ傾向があり、他社から転職してきた社員は「会長」と呼ぶ傾向があります。役職で呼ぶ会社が多いため、前の会社の慣行を引きずって、私のことを「会長」と役職で呼ぶのでしょう。

私自身は、呼ばれ方にこだわりはありません。そこに互いに敬意と親しみがあれば、どんな呼び方でも構わないと思っています。

ただ、この「さん」付けの呼び合いは、当社の組織がフラットであることの一端を表しているといえます。

さらに、互いに「さん」付けで呼ぶことで、誰もが「上下の関係ではない」ことを認識する役割も果たしているといえるでしょう。

◈社員にどんどん、どんどん、任せる

日本レーザーでは、社員に仕事をどんどん任せていきます。

海外メーカーとの骨の折れる交渉や折衝が必要な場合は、私が直接、先方と話し合うことがあります。

たとえば、スイスやドイツのメーカーと取引を開始しようとした際は、私が現地に飛んで、交渉を重ね、契約を締結しました。

しかし、その後の営業戦略や市場開拓などはすべて社員に任せました。相談を受ければ応じますが、決断の権限も含めて、ほぼすべてを任せたのです。

こうしたことは異例なことでも何でもなく、当社の通常のやり方です。できるだけ、社員に権限委譲することは、当社の基本方針の一つなのです。権限が与えられていなくては自立的な仕事はできない、というのが、私の基本的な考えです。

特に輸入商社の営業職は自己完結型の仕事です。

たとえば、海外で開かれるレーザーの展示会に参加して、売れそうなものを見つけて、市場調査などをします。売れ行きが見込めれば、当社が総代理店として扱うのか、あるいは、

契約のない紳士協定で売っていくのか、決定します。

その後は製品をウェブサイトやカタログに載せたり、展示会で展示したりすることで問い合わせが来て、説明に赴くなどします。注文をいただければ、成約となって、メーカーへの発注となります。

これらの仕事は、基本的には、営業部員個人の判断ですべてできます。

とはいえ、同業他社でこれらすべてを一社員に任せている会社は多くありません。当社はかなり珍しい存在です。

やや極端な言い方ですが、犯罪行為、あるいは犯罪的な行為でなければ何をしてもいいと私は思っています。

社員にも、それら以外であれば、何でもよい。自分で判断して実行しなさい、と伝えています。

◈仕事を任せると、成長のスピードが格段に速くなる

新入社員に1人で海外出張をさせることもあります。

先ほども紹介した、入社5年目の沢口良平は、1年目に1人で2回、海外出張を経験して

います。

沢口は大学院で主に機械を学んで、日本レーザーに入社した、生え抜きの社員です。仕事で外国に行くのは、もちろん初めての経験でした。

1回目はアメリカのモンタナ州のメーカーに2週間、2回目はカリフォルニア州にある工場に2ヵ月間、1人で行っています。これらは主に研修が目的でした。

こうしたことは、ほとんどの会社ではありえないことでしょう。しかし、日本レーザーでは、どんどんさせるし、本人も意欲を持って臨んでいます。

その後はスイスなどにあるメーカーにも、1人で何度か行き、市場調査、市場開拓、営業活動などに励んでいます。具体的に何をするかは、本人の判断です。

沢口は次のように話します。

「大学や大学院の友人たちは大企業に入った人が多い。彼らと話して思うのは、うちの会社は規模が小さいこともあってか、裁量権が大きく、個人の判断で動く部分が多いことです。入社後、すぐに海外出張があることも、入社前から聞いていたので、やるしかないと覚悟を決めていました。行って帰ってくると、やはり成長していることを実感できました」

権限を委譲して、仕事を任せると、人が育つスピードは格段に増します。目に見えて、どんどん、どんどん成長していきます。

ＰＤＣＡサイクル、すなわち「Plan＝計画」「Do＝実行」「Check＝評価」「Action＝改善」のサイクルを繰り返し行うことで、仕事を改善し、効率化することができるといわれます。

これはそのとおりだと思うのですが、上司や会社に指示され、そのとおりにやっているだけでは、仕事の改善もその社員の成長もほとんど期待できません。自分で考えて、自分の意志で実行していないからです。

仕事で成長するには〝痛い目〟に遭うことも、時には必要です。壁にぶち当たって、跳ね返され、失敗して、それでも踏ん張って、食らいついていくことで、見えてくる世界もあります。そのためにも、会社は社員に、ドンと、大きな機会を与えることも大切なのです。

挑戦して失敗した社員を叱らない

社員に権限を大幅に委譲すると、問題が起こることも、当然あります。しかし、それは「人を育てるコスト」「モチベーションを高めるコスト」と、私は考えています。

たとえば、お客様から注文を受けたあと、メーカーへの発注が遅れたために、入金が予定どおりにされなかったり、お客様への納入が遅れたために、受注自体がキャンセルされたりすることがあります。

これらはお客様に迷惑をかけることになるし、当社でも、多大な損失を受けることになります。

こうしたことが、担当者のミスで起こることがあります。これだけですぐにペナルティーを科すわけではないですが、評価は確実に下がります。

しかし、一度や二度のミスで、萎縮する必要はないと考えています。ミスに対しては、当然、反省し、今後起こさないための対策を考え、実行することを求めますが、だからといって、自分で判断し、行動すること自体をためらう必要はまったくありません。ミスをしても、反省し、改善策を立て、行動を改めていくことで、本人も会社も成長していきます。

「失敗を恐れずに挑戦する」ことが、日本レーザーの基本姿勢です。これは何か新しい事業を興すときも同様です。

失敗したときは、たとえば5000万円の損失が出るようでは困るけれど、500万円までなら許容の範囲内と考えています。年商40億円弱の規模を考えてのことです。

挑戦に関することは、若手社員に限りません。ベテラン社員だけでもなく、役員から、新たな挑戦のアイディアが出ることもあります。当社はフラットな組織だから、誰であろうと、よいと思える提案は基本的には進めてもらいます。

ただ、たとえば、300万円投資し、400万円投資し……となって、見通しがまったく立たないようなら、引き返す決断も大切です。

挑戦して、失敗すると、なぜ失敗したのか、その原因もわかります。「失敗しっぱなし」は最悪で、失敗の原因を突き止め、次に活かすことが大切です。

失敗した社員を叱責するのもよくありません。挑戦したあとの失敗と損失は「授業料」と考え、次に活かせばよいのです。

多くの企業、特に中小企業では、数百万円の投資をして、それがすべて失われるような失敗をしたら、担当者は大いに叱責されるでしょう。しかし、それでは、社員は萎縮するし、新たな挑戦をしようとする社員は出てこなくなります。望ましいやり方には思えません。

失敗の次への活かし方の一つとして、当社では「失敗を共有する」ようにしています。特に新規事業に挑戦して、失敗した場合は、全社会議で本人にその内容を発表してもらい、なおかつ社内報の「JLCニュース」に記録として残しておきます。そのほか、挑戦と失敗の経緯、内容について、報告書としてまとめてもいます。

大事なことは、挑戦しないで、指示されたことを毎日、淡々と繰り返すことではなく、自ら課題を見つけ、アイディアを出し、行動に移すことです。その結果、失敗したら、本人は反省し、次に活かせばよいのです。それと同時に、組織としても、その挑戦と失敗を共有することが大切です。

◈担当者の判断で業者も替える

事務職の池田早月と白川沙織も、自分たちの権限を大いに使って、大活躍しています。彼女たちは輸出入に関する業務を担当しています。たとえば、海外からレーザーなどの製品を輸入する場合は、国際物流会社に輸送を依頼します。

これまで当社では、B社に輸送を頼んでいました。しかしそれを、池田と白川はC社に替えました。2人の判断で変更し、当時、社長だった私には事後承諾の形でした。

B社からC社に替えた大きな理由は費用でした。C社に替えることで、年間で約2500万円の経費削減になるという判断でした。現在、実際にそれくらい経費を削減することができています。

これは私やほかの役員などが「輸送の費用をもう少し低くできないか」などと、2人に言ったわけではありません。

そういう指示はいっさい出していないし、輸出入に関しては、池田と白川に一任しています。業者（国際物流会社）だけでなく、海外から製品を出荷するサプライヤーとの交渉も、自分たちの判断で彼女たちが行っています。

当社の利益を考えて、池田と白川がC社に替えたいと思っても、海外サプライヤーが「いや、それは困る。B社のままがいい」と言えば、業者を替えるわけにはいきません。コストだけでなく、「使いやすい／使いにくい」といった、当社やサプライヤーにとっての利便性も考えないといけません。

そうしたことも、2人は自分たちで考え、業者や海外サプライヤーと交渉しつつ、最も望ましい輸出入の業務を遂行しています。

営業部員は目に見える利益を会社にもたらします。一方のバックオフィス部員も、問題意識を持って仕事に向き合うと、改善すべき点が見えてくるはずです。

問題点を改めることで、会社に利益をもたらしもします。池田と白川は、バックオフィス部員として、会社の利益を自分のことと考え、行動に移しているといえます。

このことは、次に書くように、彼女たちが自分の仕事に「圧倒的な当事者意識」を持っているからにほかなりません。

◇全員が「圧倒的な当事者意識」を持っている

自分の仕事に「圧倒的な当事者意識」を持つと、上司の指示などなくとも、自分で考え、工夫し、率先して行動し、仕事を遂行していくようになります。

当社の社員が「圧倒的な当事者意識」を持つようになったのは、親会社だった日本電子から独立したことが大きなきっかけでした。日本電子から離れ、独り立ちすることになったことで、強い当事者意識を持つ必要に迫られたのです。

当事者意識、それも圧倒的な当事者意識を持つということは、上司の指示があろうがなかろうが、お客様や取引先に何か言われようが言われまいが、「自分が」「自分（たち）の仕事を」主体的、能動的に考え、行動するということです。上司に言われたからやるのでも、お客様に指摘されたからやるのでもなく、常に自ら問題意識を持って、何が最善かを考え、行動するということです。

このありようは、個人事業主や個人商店の店主に似ているかもしれません。彼らは自分しか頼る人がいません。周囲の人の助けを得る必要はあるでしょうが、頼るべき最後のより所は自分だけです。

彼らは誰かの指示を待っているわけでも、誰かに言われたから仕事をしているわけでもありません。自ら進んで、その仕事をしています。そうした個人事業主や個人商店の店主に、日本レーザーの社員は似ているところがあります。

実際、当社の社員、とりわけ他社から転職してきた社員の多くは、そうした実感を持っています。

「社員みんな、個人事業主みたいな感じがする」。こういう感想を抱いている社員は少なくありません。

ただし、当たり前ですが、当社の社員は個人事業主でも個人商店の店主でもありません。日本レーザーの社員であり、仲間です。

しかし、個人事業主的である。ここがポイントなのです。

個人事業主のような自立した個人が集まり、自分の仕事に誇りと責任を持って向き合っている。それが「圧倒的な当事者意識」にもつながっているのです。

業務部の朝倉和恵が興味深い話をしてくれたことがあります。

「うちの会社で利益を上げるのは営業部です。その営業部員と私は日頃やりとりをしています。そうすると、営業部が最大限、利益を上げられるようにするのが、私の主な仕事といえます。だから私が、自分で考え、先回りして、営業部員が仕事をしやすいようにするのは当然のことです。

それに、会社に利益が出ないと、私たちの暮らしに影響が出ます。『今期も頑張ってくれた。でも、業績は悪かったから、ボーナスは我慢してくれ』と言われるのはイヤですから」

この発言からも、当社の社員が「圧倒的な当事者意識」を持っていることがわかるでしょう。個人事業主的な意識を持ちつつ、仲間と会社のことを考え、仕事に向き合っている姿がわかると思います。

さらに、次のように話す営業職の男性社員もいます。

「会社の収益＝自分の財布と考えています。会社の利益が減ると、自分の財布の中身も減る。そういう気持ちでいます。金融危機が起きても、大不況になっても、大幅な円安になっても、利益を出すことをいつも考えています。そうでないと、自分の財布が寂しくなりますから」

こうした「圧倒的な当事者意識」を持つ社員が大勢いると、その組織は非常に強くなるはずです。

◈会社は社員の自己実現の舞台である

会社は自己実現の場でもあると、私は考えています。社員一人一人が、自分をブランディングして、会社を自己実現の舞台に見立てて、動き回ればいいと思っています。

その舞台でどう踊るかは、自分で考えればよいのです。踊り方まで、当社では強制しません。違法なことをしない限り、他人に迷惑をかけない限り、自由に踊ればよいのです。

もちろん、わからないことや迷うことがある場合には、上司などが相談に乗ります。しかし、基本は本人の判断です。

営業部員のある男性社員は次のようなことを言います。この発言は、当社の特徴をよく表しています。

「正直に言って、私は商品を日本レーザーのブランドでは売っていません。そういう気持ちは、まったくないです。それにそもそも、日本レーザーの看板で商売ができるほど、この業界は甘くありません。私を含め、当社の社員は一人一人が自分というブランドを持っていて、その上で、日本レーザーの社員として仕事をしている感じがします」

彼のような社員が大半になると、その会社は強くなるでしょう。

そして、これはまさに「自立した社員が創造的な活動をして、さまざまな変化に対応できる組織」である自己組織といえます。自由に踊ることのできる人は、変化にも柔軟に対応できるようになるからです。

営業部の別の男性社員は、自分の判断でお客様をアメリカのカリフォルニア州にあるメーカーにお連れしたこともあります。お客様の要望もあってのことでしたが、彼自身の商談と判断で進められ、会社は単に承認したにすぎません。当社の社員は、会社を舞台に、どんどん自分で動いていています。

「野心を持って仕事をしている」と言い切る社員もいます。野心、大いに結構です。日本レーザーという舞台を活用して、自分の野心を成就させるために、突き進んでほしいと思っています。

◈言った者勝ち、やった者勝ち

私は基本的には、私と社員の意見が異なる場合は、社員の意見を受け入れることにしています。

「俺とは違う考えだ。でも、おもしろそうだ」。そう考えて、「よし、やってみてくれ」と、許可を与えるほうが多いのです。

当社はまた、言いたいことが言え、やりたいことがやれる会社でもあります。「言った者勝ち、やった者勝ち」のところがあります。

「海外に出張したい」

「トレーニング（研修）に行きたい」

「こういう商品を導入したい」

「（お客様に説明するために）デモ機を買ってほしい」

こうした希望、要望には、可能な限り、どんどん応えます。サントリーの創業者・鳥井信治郎氏は「やってみなはれ」とよくおっしゃったようですが、社員のチャレンジ精神に応えたいという点では、私も同感です。

当社の社員が「海外出張したい」と言うのであれば、それ相応の理由があると、まず考えます。

それは社員との間にＣＡＲ（信頼、魅力、共感）があるからです。特にＲ（Respect＝共感）があって、「おぬし、やるな」という気持ちを根底に持っているから、要望を受け入れることができるのです。

少し前には、次のようなことがありました。当社は２０１８年に設立50周年を迎えました。その50周年記念誌の制作を進めていたのですが、進行が遅れぎみで、期限が差し迫ってしまいました。そのことを私が朝倉に話すと、彼女は「ウェブ印刷なら、早く安くできます」と言います。その話に私が乗って、50周年記念誌をスムーズに制作することができました。

それだけでなく、50周年記念のロゴマークを朝倉が考え、それを採用することにしました。さらには、社員全員の名刺にもそのロゴマークを入れることにしました。

多くの企業では、こうした仕事は総務部が担当するでしょう。しかし、当社では、仕事の自由度が高く、「私にアイディアがあります」「私がやります」と言う人がいて、それにゴーサインが出れば、すぐに取りかかってもらいます。

そして、その積極性や仕事の内容は、評価の対象にもなり、ボーナスにも影響します。指示待ち族とは対極にある働き方です。

◈慢心せず、常に「健全な危機意識」を持つ

全社員が「圧倒的な当事者意識」を持つとともに、「健全な危機意識」を持つことも、重視しています。

当社は完全無借金経営で、2018年10月現在、25期連続して黒字を計上しています。実質的に有利子負債はゼロで、現預金は12億円あり、自己資本比率は60％近くあります。

こうした状況にあると、社内の空気、あるいは社員の意識は緩くなりがちです。「うちの

会社は大丈夫だ」「ほかの会社は知らないけど、俺たちの会社は安心だ」などといった意識を持つ社員が出てくるものです。

しかし、それは明らかに慢心です。士気やモチベーションの低下を招き、組織の雰囲気もアッという間に悪化していきます。

この事態を絶対に避けるために、当社では「健全な危機意識」を常に持つことも意識させています。

外国製のレーザーや光学機器などを輸入している当社の場合、海外メーカーから契約を打ち切られることは珍しくありません。これはつまり、無借金経営だろうが、黒字が続いていようが、油断していると、アッという間に足をすくわれ、赤字に転落してしまう危険性を併せ持っているということです。

当社の社員は全員、そのことを十分に認識しています。だから、必然的に「健全な危機意識」を誰もが持っているはずですが、とはいえ、慢心や油断は心の隙《すき》を突いて忍び込んでくるものです。そのため、会社としても、組織としても、この意識をしっかり持つように徹底させています。

営業部のある男性社員は次のように話します。

「海外メーカーとのつながりが切られることは、本当によくあります。2016年には、大きな取引先との関係が突然切れました。そうしたことが、しばしば起こります。だから、危機感を持って仕事に取り組むのは、当たり前になっています。

それに、関係を切られれば、その分の自分の仕事もなくなります。切られたら切られたで、次の取引先を至急探しますが、まずは切られない関係を築くように努めています」

彼はこうしたことを、決して悲壮な表情ではなく、屈託なく話します。危機感の前に「健全な」という形容を付けているのは、こうした意味です。悲観的にではなく、前向きな気持ちで危機の状況を想定しつつ、日々の仕事に取り組むということです。

メーカーから取引を打ち切られることもある。しかし、切られないように努力する。しかし、それでも切られたら仕方がない。前を向いて、次の取引先を探し、新たな関係を構築する。……こうした姿勢が「健全な危機意識」の意味です。

もう1人、営業部の別の男性社員の声を紹介しましょう。

「たとえば、うちの部署で扱っている商品を自動車関連の会社がたくさん買ってくださるとします。そうなると、自動車業界だけに目が向きがちになりますが、何かのきっかけで自動車業界からの需要がガクンと縮小してしまうこともあります。

すると当然、うちの部署の業績も大きく落ち込んでしまいます。それを避けるためには、自動車業界からの受注が好調なときから、ほかの、たとえば建材メーカー、飲料メーカー、薬品メーカーなどにも目配りしておくことが大切です」

好調時も慢心しない。いや、好調時こそ、気を引き締め、別の道を用意しておくことも「健全な危機意識」の表れです。

◈ワクワク、イキイキ、自己効力感を抱いて仕事に取り組む

「社員第一」を掲げる日本レーザーでは、社員には「ワクワク、イキイキ」と働いてほしいと思っています。

ワクワク、イキイキ働いた結果、社員の収入が増えて、会社の業績がよくなることがベストだと考えています。もちろん、お客様への貢献や、お客様を通じた社会貢献も、同時に果たしていくべき会社としての責務です。

進化型（ティール）組織の特徴の一つに「存在目的」があります。

私は日本レーザーの存在目的の一つに「社員がイキイキ、ワクワク働くこと」があると考えています。

社員には、イキイキ働き、ワクワクした思いを味わいつつ、自己効力感を抱いてほしいし、自己実現してほしいと思っています。

「自己効力感」は聞き慣れない言葉かもしれません。これは「自分ならできる」「うまくいきそう」という自分に対する信頼感や期待感のことです。

イキイキ、ワクワクして仕事に取り組み、よい結果が出て、会社の業績にも貢献すると、自己効力感が高まります。

イキイキ、ワクワク仕事→良好な結果と自己実現→自己効力感のアップ→イキイキ、ワクワク仕事→良好な結果と自己実現→自己効力感のアップ→……というサイクルができると、仕事がとても楽しくなるはずです。もちろん、仕事に対するモチベーションも上がっていきます。

社員がイキイキ、ワクワク働けるというのは、その会社の気風です。社員の表情が暗く、陰鬱そうにしているのも、その会社の気風です。

会社の気風をイキイキ明るくするには、トップがまず、イキイキ明るくならなくてはなりません。このあたりのことについては、次章で詳しく書いていきます。

◈仕事を拒否する権利も、社長に頼む権利もある

当社では、上司は絶対の存在ではありません。その象徴的な存在が営業部の部長職で、執

行役員でもある鶴田逸人です。鶴田の発言を紹介しましょう。

「私は部下に『こうしろ、ああしろ』と指示や命令をしたことはありません。仮に指示、命令をしても、部下は拒否できます。やりたくなければ、『やりたくありません』と言って、断ることもできるのです。

指示を拒否されても、罰を与えることはできません。クビを切ることはできないし、叱責することすらできません」

鶴田はこんなことを話します。これはまったくそのとおりで、社員は互いにCAR（信頼、魅力、共感）でつながっているのだから、それを実行しているのです。

ただし、頼まれごとを断る社員の評価は下がります。「対人対応能力」という評価項目があって、その項目の評価が下がるのです。

そのことは全社員が知っています。知っている上で、断る社員は断る。断る自由はあるから、やりたくなければ断る。ただし、そのことについての評価は下がる、ということです。

第3章で紹介したように、評価の透明性と納得性を徹底させています。頼まれた仕事を断れば、評価が下がることも知っています。ということは、断った場合は、評価が下がってもいいから、その仕事はしたくない、ということです。

これはこれで、構わないのです。「やりたくない自由」「断る自由」があると、当社では考えているからです。ただし、その部分での評価は下がりますよ、ということです。

当社では「断る自由」があるばかりでなく、「社長や会長を使う自由」もあります。

たとえば、営業部員からは「受注を詰めるために、客先に行ってほしい」「客先の講演会で講演してほしい」「製品のトラブルが起きたので、謝罪のため、お客様を訪問してほしい」などなど、遠慮なく要望が出てきます。

このように、「これは社長にやってもらおう」「これは会長の出番だな」などと考える社員が多いのです。内容に納得できれば、私は喜んで、協力することにしています。

◈社員が自主的に企画・実践するセミナー

日本レーザーの本社3階に50人規模のセミナーを開催できる大会議室があります。東京本社では、48人の社員などのメンバーが働いています。この大会議室があるおかげで、全社会議を毎週開くことができます。

社員はこの大会議室を使って、自分の事業のためのユーザーズ・ミーティングやセミナーを自主的に開催しています。

2018年1月に入社した中尾健太は、5～6月にドイツの担当分析機器メーカーD社でのトレーニング（研修）を受けて、現在、同事業のプロダクトマネジャーを務めています。20代の男性で、ある大手企業から転職してきました。

彼が入社した後、D社の営業技術担当役員が来社して、見込み客を集めてのセミナーを企画・実施しました。これは当社が毎年行っている恒例のセミナーです。

セミナーの担当は中尾です。ドイツでD社でのトレーニングを受けたとはいえ、入社してまだ日が浅いため、彼一人でセミナーを成功させることはさすがに困難です。中尾は社内の先輩や同僚、さらに総務や営業事務の女性陣の手と知恵を借り、セミナーは無事に終了しました。

このセミナーでは、私は中尾から依頼も受けました。「セミナーの冒頭で挨拶をしてほしい。内容はこのような感じで」と言われたのです。私は、言われるままに会社を代表して挨拶し、自分の役割を果たしました。

入社1年目の社員でも、当社の自己組織的でティール的な組織にすでになじんでいるように見えます。中尾は今、前職の大手企業では決して味わえない達成感を当社で味わっています。

社員が自分の判断で自主的に行動する例は、ほかにもたくさんあります。そうした事例をもう一つ紹介しましょう。

当社と取引のあるドイツのレーザーメーカーE社は、そのレーザーを使って、子会社で資源循環事業に進出しました。レーザーの特性の一つを使って、金属のふるい分けをするセンサーを開発したのです。

当社は環境事業の経験はありませんが、日本のトップ電機メーカーから20代で転職した石原洋介は積極果敢に行動しました。たとえば、大学教授に教えを請い、別の原理で廃棄物の振るい分けをする企業とも組んで、セミナーを2回も開催しています。

私はその大学教授や業界のトップに、それまで一度も会ったことがありませんでした。社員のおかげで、私はそうした重要な人物に会うことができ、セミナーでは、会社を代表して挨拶をしました。この事業も少しずつ発展しています。

海外サプライヤーとの関係を強化するのはトップの仕事ですが、そのメーカーの最新技術を応用しての事業展開は、担当者が自己組織的にどんどん挑戦しています。もし社長がしている範囲の事業展開しかできていなければ、当社は今頃、ジリ貧になっていたでしょう。

日本レーザーは自己組織化とティール組織的運営のおかげで、25年間、黒字を続けているといえるでしょう。

◈ 8億円のレーザーを国際開発

当社は自社ブランド品のレーザーやレーザー加工機の開発も行ったことがあります。その中で、光ディスクマスタリング装置は最も成功した事業でした。しかし近年、その光ディスクも日本国内では衰退し、事実上、終了しました。

一方、世界最先端のレーザーを国際的に開発する事業が、当社の新たな挑戦になっています。

この新規事業をリードするのは、取締役の佐々木淳です。42歳で執行役員から取締役に昇任した、当社で最年少の取締役です。

この事業を進めるきっかけは、ある国立大学から2015年に、8億円もする研究開発用の超大型レーザーの可能性を打診されたことです。

佐々木はそれまで、東京大学や大阪大学の有名教授から多くのことを学んでいました。その縁で、こうした大型プロジェクトに恵まれたのです。

その国立大学の教授との方向性が固まりつつある段階で、私は佐々木から次のことを告げられました。

「フランスのF社と組めば、このレーザーを受注するのは可能です。しかし、発注時に1億5000万円、その後も継続して開発コストをわが社が送金していかなければなりません。大学から入金されるのは、そのレーザーが完成して、納入し、検収が上がってからです。わが社は入金前にコストを負担しなければなりません」

通常のレーザー輸入商社では、対応できる案件ではありません。

私はその大学教授にお会いしたことがありませんでした。しかし、大学の文科系学部を卒業して以来、畑違いの理科系のレーザーの勉強をして、入社3年後くらいから目覚ましい業績を上げてきた佐々木を信頼して、承認しました。後日、私は教授が関係する学界で講演を依頼された折に、初めてその教授にお目にかかりました。

普通の会社なら、トップがこうした人脈を開拓して、部下の社員に担当させることが多いでしょう。しかし、日本で唯一のティール組織かもしれない日本レーザーでは、執行役員や社員が新たな人脈を自ら開拓し、新規事業をどんどん持ち込んできます。

おかげさまでこのレーザーは、2017年にその国立大学に納入され、業績に多大な貢献をしてくれました。

◈メディカル分野に進出し、最年少取締役が合弁会社の社長になった

当社の基幹事業は世界最先端のレーザー輸入業ですが、日本の基礎研究予算は年々カットされ、受注はジリ貧になりかねない状況です。一方、産業用のレーザー加工事業も、モノ作りが海外に展開されるなど、将来性は厳しい現状です。

そうした折に、ドイツのパートナーG社が、がん治療用のレーザー機器を開発して、現在、欧米で治験段階に入っています。日本でも国立がん研究センターでの治験が始まっています。

この治療法は、『がん光免疫療法の登場――手術や抗がん剤、放射線ではない画期的治療』（青灯社、永山悦子〈著〉、小林久隆〈協力〉）によって、少しずつ知られるようになってきています。これまで絶望的な状況だった末期がんも治る可能性があり、治療費が極めて安いことが、この治療法の大きな特長です。

2人に1人ががんになり、3人に1人ががんで亡くなる日本の現状を考えて、これこそレーザーによる社会貢献であると考え、損得抜きで、G社と合弁会社を設立して取り組むことにしました。

この治療法が正式に承認されて、多くの方を救うのはまだ先かもしれませんが、そのときに備えて、今から合弁会社を設立することにしたのです。ＣＥＯ（最高経営責任者）はＧ社の社長ですが、日本国内で実務を仕切るのは、当社の最年少取締役の佐々木です。

新しい時代は常に若者が切り開いてくれると確信しています。挑戦する意欲ある人財にチャンスを与え続けることは、ティール組織のトップの重要な仕事の一つであると、私は考えています。

◈取引先に切られたら、自主的に「次」を探す

私が社長に就任した１９９４年以降、当社は27社の海外メーカーに契約を打ち切られ、商権を失っています。

海外メーカーが日本への輸出に代理店を利用する大きな理由は、自分たちの製品がどの程度売れるか、様子を見ることにあります。

売れ行きが悪かったら、メーカーは販売代理店を替えます。輸入商社であり販売代理店でもある日本レーザーのような立場からすると、替えられる、つまり、切られるわけです。

では、反対に売れすぎたら、売れ行きが非常によかったら、海外メーカーはどうするか。

実はこの場合も、輸入商社は切られることが多いのです。というのは、メーカーは「こんなに売れるんだったら、代理店など通さずに、自分たちでやろう」と考えるからです。

そして、海外メーカーは自社の日本法人を設立します。そこで独占的に自社の製品を販売するのです。

このように、レーザー関連製品の輸入商社は、売れ行きが悪くても、売れ行きがよすぎても、契約を切られる運命にあります。加えて、為替変動のリスクを常に背負っています。だからこそ、当社の社員には危機意識、それも「健全な危機意識」を常に求めているのです。

そして実際、当社のほとんどの社員は「健全な危機意識」と「圧倒的な当事者意識」を持っています。そのように、育ってくれています。

2017年には、ドイツのあるメーカー（H社とします）に契約を打ち切られました。年間4億～5億円の売上げがあった先なので、非常に大きな痛手でした。

しかし、鶴田逸人はこの事態を数年前から予測していました。だから、備えはしていたのです。

とはいえ、実際に切られてみると、大変困ります。彼のもとには、大学院を出た沢口良平も入社していました。沢口はH社も担当する予定でした。

「沢口の仕事がなくなった。彼の仕事を見つけないといけない」。そう考えた鶴田は沢口たちとともに、まずはインターネットでH社に代わる会社を懸命に探しました。見るサイトは当然、英語だから、英語力と商品知識は必須です。

それで、オランダやスイスなどによいメーカーを見つけ、まずはメールで連絡を取って、その後、電話での打ち合わせまでこぎ着け、最終的には、沢口やほかの社員が現地に飛んで、担当者と面談してきました。現在はそれらのメーカーと新たなつき合いが始まり、日本での販売権を得るために、互いの関係を深めているところです。

こうして書くと、この一連の出来事がスムーズに進んだように思えるかもしれませんが、ここに至るまでの道のりは決して容易ではありませんでした。ある程度、めどが立つまでは、鶴田や沢口などは毎日のように終電の時刻まで残って、取り組んでくれました。

私は相談に乗ることはあっても、こうしろ、ああしろ、などといった指示は、いっさい出していません。ほぼすべて、鶴田たちが自分の判断で、自主的に取り組みました。この姿も非常に自己組織的で、自主経営の典型ともいえるでしょう。

◈営業にノルマはない

当社の営業部にも営業部員にも、ノルマはありません。売上げ目標はありますが、いわゆるノルマとは似て非なるものです。売上げ目標を会社から与えることはなく、社員が自分たちで作っていきます。

毎年11~12月に、営業部の各グループでは、グループ長が自分のグループのメンバーに売上げ目標を尋ねます。「キミの来年の目標額はいくらですか」といったように。

目標額によっては、「もっとできるんじゃないか」「もっと頑張ってほしい」と、グループ長がメンバーに言うこともあります。

ただし、それは命令でも強制でもなく、あくまでも話し合いの中でのやりとりで、最終的には、互いに納得した目標額を設定します。

ということは、売上げの目標額は結局、営業部員本人が決めていることになります。最終的には、自分が納得して決めているわけですから。

会社全体の売上げ目標は、グループの目標額の総額です。達成することもあるし、達成しないこともあります。

個人の売上げ目標額も、達成することもあるし、達成しないこともあります。

目標額に達成しなかった場合、営業会議などで未達だった社員に「なんだ、この数字は⁉」「これでは困るじゃないか」などと言って、叱責する企業も少なくありません。

しかし当社では、こうしたことはいっさいしません。その代わり、問題点は何か、どういう努力をしてきたのか、ターゲットはどこに置いていたのか、といったことを上司や役員が問いかけ、どうしたら売上げが上向くかを一緒に考えます。

とはいえ、最終的にしっかり自覚して、改善に取り組むのは本人です。上司や役員は、本人の自覚を促し、成長してもらうために、サポートする立場です。

売上高や利益の目標をトップダウンで設定することはないし、上司がノルマを与えることもないし、目標を達成できなくても叱責することはありません。あくまで社員の意欲とモチベーションを高め、社員が成長していくことで、会社も成長していくことが、日本レーザーのスタイルです。

◈担当者が2人いる「ダブルアサインメント」

当社では、ダブルアサインメントを導入しています。

ダブルアサインメントとは、取引先1社に対して、担当者を2人配置することです。1社に対する、2人担当制です。

ダブルアサインメントをワークシェアリングと似たものと思っている人がたまにいますが、両者はまったく違います。ワークシェアリングは、労働者1人当たりの労働時間を短くすることで、社会全体の雇用者数を増やそうとする政策だから、そもそも本質的な目的が異なるのです。

ダブルアサインメントは2007年から導入しました。きっかけは、当時の営業部員の周可馨でした。

すでに紹介したように、周は夫の上海への転勤とともに、上海に移り住むことになりました。その間彼女は、日本レーザーの社員のまま、上海の自宅で当社の仕事をしました。

しかし、周が上海にいる間は、彼女が担当していたドイツのメーカーの製品をほとんど受注できませんでした。周が専属で担当していて、十分に対応できる人間が彼女以外にいなかったことが原因です。

つまり、「この人でなければ、この仕事はわからない」という属人的な状態になっていたのです。

1人担当制では、その1人に何かあったときに、取引先やお客様に迷惑をかけるし、当社としては仕事を失うことになりかねません。そう痛感した私は、ダブルアサインメントを導入することにしたのです。

ダブルアサインメントにしていると、2人のうち、どちらかが休んだり早く帰ったりしても、業務に支障が出ることはほとんどありません。二つの例を次項で紹介しましょう。

◈ダブルアサインメントで顧客の信頼をつかむ

共に営業部に所属する青木誠と山本明子は、ダブルアサインメントの関係にあります。ただ、青木は技術職に近い立場で、山本は完全な営業職です。

ダブルアサインメントのメリットについて、それぞれの話を紹介しましょう。まずは山本の話からです。

「私は育児の関係で、毎日、夕方5時半に退社します。でもその後、夜の7時くらいまでは、担当するお客様からメールなどで問い合わせがあることも珍しくありません。そういうとき、青木さんが対応してくれるので、とても助かっています。たとえば、見積もりの問い合わせがあれば、翌朝、青木さんから連絡を受けた私がすぐに作成して、お客様にご連絡することもできます。逆に、青木さんが休暇を取っているときなどは、私が彼の分もしっかりフォローすることができます」

一方の青木は次のように話します。

「山本さんとは、日頃からコミュニケーションをしっかり取っています。だから、仕事の細かな部分まではわからなくても、お客様に対する共通認識はほぼできています。仕掛かりの案件なのか、話がかなり進んで、煮詰まりつつある案件なのか、そういうこともだいたい把握しています」

当社では、社員間のコミュニケーションをとても重視しています。ダブルアサインメントの関係にある場合は、なおさらです。

青木はさらに次のようなことも言います。

「お客様に『わかりません』と答えることは、絶対にしたくないし、してはいけないと思っています。確実な返答はできなくても、まずはお客様の話す内容を理解し、山本さんのほうが詳しければ、『山本から連絡させます』と答えたりします。肝心なことは、お客様を不安にさせないこと、お客様に迷惑をかけないことだと肝に銘じています」

「ダブルアサインメントは非常にいいシステム」――2人は口をそろえて、そう言います。

事務職の池田早月と白川沙織もダブルアサインメントです。小さな子供のいる白川は、1日7時間の時間短縮勤務です。子供が急に熱を出すこともあります。

「池田さんと私は、すべての業務をお互いがわかるようにしています。子供に何かあったときも、業務は池田さんが対応してくれるので、本当に助かっています」と白川は話します。

「その人しか、その仕事はわからない」状態は、相手からするとはなはだ頼りないし、社員本人もいろいろと不安でしょう。

しかし、ダブルアサインメントを取り入れると、お客様や取引先に迷惑をかけなくてすむし、社員本人も安心して休めるし、会社としては、お客様や取引先の信頼を維持できるようになります。

ダブルアサインメントが成り立つのは、そのメンバー同士に信頼があるからにほかなりません。互いを信頼（confidence）し、共感（respect）し合っているからこそ成り立つシステムでもあります。

ダブルアサインメントを成立させるには、自立した社員が仲間（同僚）と協力し合いながら自主的に仕事に取り組むことが必要です。

ティール的な組織や自己組織化の進んだ組織では、ダブルアサインメントが成功する可能性は高いでしょう。反対に、ダブルアサインメントを導入することで、組織のティール組織化や自己組織化が進む可能性もありそうです。

少なくともダブルアサインメントは、企業の信頼や成長を高める有効な手段にはなるといえるでしょう。

◈全社会議の内容と方法も進化している

日本レーザーでは毎週月曜日の朝に、全社会議を行っています。

私が社長になった当初は、私一人が全社員を大声で叱咤して、活を入れるような状況でした。社員はそんな私に直接、不満や批判をぶつけることも多かったのですが、私はその不満や批判を無視したり握りつぶしたりしないように努めました。

私が社員に活を入れ、社員が反発したことで、社内は混沌としましたが、その混沌を受け入れられる度量を私自身が備えなければならないと、次第に思うようになっていきました。

その後、テレビ会議を導入して、大阪支店、名古屋支店の社員も同時に会議に参加するようになって以降、全社会議の内容は少しずつ進化してきました。

毎週行っている全社会議は現在、以下のような内容になっています。

1. 交替で務める司会者に指名された役員と社員が「働き方の契約書」であるクレドの「経営者の約束」と「社員の約束」を読み上げ、その後、全員で唱える。
2. 営業業務担当の女性社員が交替で、前週の受注、売上げ、粗利の実績と期初からの累計額を報告して、課題をコメントする。

3. 課長で販促グループの女性のグループ長がその週の展示会、学会、広報宣伝活動、ウェブの引き合いなどに関する報告と課題を説明する。

4. 嘱託社員で総務グループの女性のグループ長が人事総務関係の予定・課題、全社員への指示・要請を行う。

5. 課長で経理グループの女性のグループ長が月次決算や経理上の要請事項を説明する。

6. 常務取締役で男性の管理部長が重要事項の説明をする。月に1回は、決算・資産運用についての説明もする。

7. 国内展示会、海外出張、海外サプライヤーの来社、セミナー、その他、自分が担当した事業関連について、数名の社員が報告する。

8. 1人、3分間のプレゼンテーションを2~3人の社員が行う。

9. 社長と営業本部長が営業状況全般について説明する。

10. 会長が経営理念や海外動向について説明する。

かなり内容の濃い会議で、これを毎週45分~90分かけて行っています。

この会議内容からも、当社がトップダウン経営からダイバーシティー経営になり、今ではティール的経営になりつつあることがおわかりでしょう。心がけているのは「誰もが経営の主人公になる」ことです。

第5章

トップが意識を変えると、会社も変わる

◈覚悟はあるか、本気になれるか

経営には、社長のすべてが出ます。人格、思想、価値観、経験、力量、そのすべてが出ます。

人間力すべてを問われるということは、見方を変えれば、経営はそれだけやりがいがあるといえます。

本気になって取り組むと、世界はどんどん変わり、世の中の見え方も変わり、自分自身の成長も深化も、自覚できるようになります。

私も日本レーザーの社長に就任してから、人生が大いに変わりました。かつて所属した日本電子にそのままいたら、自己中心的で薄っぺらい人間のまま、年齢を重ねていたかもしれません。このことは妻にも言われました。そうして考えても、私は日本レーザーに移って、本当によかったと思います。

私が1994年に日本レーザーに来た当初は、当時、日本レーザーの親会社だった日本電子に籍を置いたままでした。日本電子の取締役を兼務したまま、日本レーザーの社長に就いていたのです。

すると、日本レーザーの社員からは、当然のように、冷ややかな声が漏れ聞こえてきました。

「近藤はどうせ、何年かすると、親会社に戻るんだろう」

「近藤は将来、日本電子の社長かな。それまでの間、うちでうまいこと、やるんだろう」

「俺たちは近藤の出世のために利用されるだけじゃないか。『キミたち、よく頑張ってくれた。じゃ、さようなら』なんて言って」

こんな言葉が耳に入ってきました。

私が日本レーザーの社長に就任した1年目は、トップダウン経営を強引に進めて、黒字になったのですが、社員の心には不満が充満し、モチベーションはあまり上がりませんでした。

これではいけない、と思いました。これは、私自身が問われている、と思いました。

自分自身の日本電子での将来を重視するか、目の前にある日本レーザーの再建を重視するか。その板挟みで、葛藤する日々が続きました。

悩み抜いた末、95年に私は日本電子の取締役を辞することに決めました。95年6月の株主総会をもって、3期6年務めた日本電子の取締役を退任しました。

これは私の覚悟であり、日本レーザーに対する本気の態度の表明でした。私が覚悟を決め、日本レーザーに向き合わない限り、社員はついてきてくれないと思っての決断でした。私のこの決断は、日本レーザーの社員を驚かせました。多くの社員にとって、予想外、想定外だったのです。

と同時に、彼らは喜んでもくれました。「社長がうち（日本レーザー）に専念してくれる。生半可な気持ちじゃなかったんだ」と。

トップが本気にならなければ、社員はついてこない。これは私の経験上、身をもっていえることの一つです。逆にいえば、社長が本気になれば、社員がついてきてくれる可能性は大いに高まるということでもあります。

◈「リーダーの条件」は二つある

「リーダーの条件は何か？」と問われれば、私は「聡明で善良であること」と答えます。

意思決定する際には、周囲で起きていることを冷静に見抜く洞察力や的確な判断力が求められます。それが「聡明」の意味です。

しかしその際、自分のエゴが出てくることがあります。「こっちを選んだほうが得ではないか」「いや、あっちのほうが利益が出そうだ」……そうしたエゴが出てきがちです。それを抑えられるのは、善良な心です。

善良な心をもう少し詳しく言うと、それは「正しいか、正しくないか」でとらえることのできる心です。対極にあるのは「損か、得か」で考える心です。

得になると見越して下す判断は、得《え》てして正しくないことがあります。その場では損になる意思決定をしたほうが、結果的に正しい判断となる場合が多いものです。

損に思えるほうを選択したが、それが結局、功を奏したという体験を私は幾つか持っています。その一つは、前項で紹介した日本電子の取締役を退任する決断をしたことです。

社長として日本レーザーを再建できれば、日本電子に戻って、ゆくゆくは日本電子の社長になれる可能性もある。中小企業の日本レーザーの社長より、日本レーザーの親会社で大企業の日本電子の社長のほうが、一般的な評価は高いだろう。……こんなことを思うこと自体、すでに物事を損得で考えていることになります。

日本電子に籍を置きながら日本レーザーの社長であることは、正しくないと思いました。損か得かで考えると、損に思えるけれど、正しくはないと判断したのです。

この判断は、やはり正しいものでした。私が日本レーザーの仕事に専念することを社員に伝えると、社員たちと私の関係は劇的に変わり、社員のモチベーションはどんどん高まっていきましたから。

こうした大きな決断を求められたとき、私が軸にしている宗教的な言葉が幾つかあります。

その一つは、新約聖書のいう「狭き門より入《い》れ」です。「何かを成し遂げようとするなら、楽な方法ではなく、自分を高めるためにも、苦難の道を選びなさい」という教えです。日本レーザーの社長に専念することは、私にとって、「狭き門」でした。こちらのほうが、ずっと苦難の道でしたから。

禅の教える「今、ここ、自分」も、より所にしている教えの一つです。「過去を追わず、未来を願わず、現在の事柄に注力すべし」という教えです。

日本レーザーを再建させて、日本電子に戻ることは、私にとって、未来を願うことでした。日本電子のことを考えるのは、私にとって、過去を追うことでもありました。私は日本レーザーの社長であるという「今」を選んだのです。

「聡明で善良であること」を追求し、「正しいか、正しくないか」を基準にして、経営者として歩んでいると、つらくとも、運が舞い込んでくるということがしばしば起こります。

これまでのところ、私のこの方針は間違っていないと実感しているし、これからも指針にしていくつもりです。

◈いつも笑顔で、社内を明るくするのも、社長の仕事

日本電子時代、当時の社長とある思い出があります。その思い出は、よいものではありません。

アメリカから帰国した私は、会社のある問題に気づきました。それで、30～40人ほど集まった経営計画会議の席で、社長に「こういう問題があります」と進言したのです。

ところが、社長はまったく聞く耳を持ってくれず、「近藤君、キミは私の経営を批判する気かね」と言ったのです。その表情はもちろん、仏頂面でした。会議の場は、シーンと静まりかえりました。

後日、社長室に出向いて、もう一度話そうとすると、「キミもしつこいね。もう来るな」と一喝されました。

これでは会社が危ないと、私は思いました。と同時に、私は部下にこうした態度は決してとるまいと、決意しました。

それからというもの私は、経営者の条件の一つに「笑顔」があると考えています。これはもう、必須の条件です。

私自身、自分に課していることがあります。それは「よい報告は笑顔で聞く。悪い報告はもっと笑顔で聞く」というものです。さらには「悪い報告ほど、にこやかに、とっておきの笑顔で聞く」ようにも努めています。言うは易《やす》く行うは難《かた》しで、実際のところ、これはなかなか大変です。

「やっとご契約いただいたお客様から苦情が来ました」
「海外サプライヤーとトラブルが起こりました」
「商品が届きません。3日も遅れています」

こうした問題が起きても、その報告を笑顔で聞かなくてはいけないのですから。ある種の修行だと思って、実践しています。

笑顔でいることは、役員や社員にも求めています。

かつてある役員がいつも厳しい顔をしていたので、あるとき「キミ、もっとニコニコしたほうがいいよ。笑顔、笑顔。笑顔が大事だよ」と指摘しました。すると、「親からもらった顔です。ニコニコなんて、できません」と返してきました。

そういう人もいるだろうと思うかもしれませんが、笑顔は持って生まれた顔でも、性格でもありません。

そうではなく、能力で、訓練することで身につくものです。私自身は30歳のときから、口角を上げて、笑顔を作るトレーニングをしています。

さらに当社の本社の入口には、大きな鏡が置いてあります。私も社員もこれで随時、自分の表情をチェックしています。

社内での社長の笑顔は「僕は怖くないよ」「いつでも話しかけていいよ」という社員へのメッセージでもあります。

社員に笑顔を見せて、会社の空気を明るくして、仕事をしやすい雰囲気を作るのも社長の役割と、私は考えています。

◈怒鳴りつけても、何も解決しない

社長がいつも笑顔でいると、社内がパワハラやセクハラの雰囲気から遠ざかる効果も期待できます。会社のトップが笑顔で明るいと、その下のクラスの人たちはハラスメントを行いにくくなりますから。

反対に、よくないのは、部下を怒鳴りつけることです。これは絶対にすべきではないでしょう。

部下を怒鳴りつけても、相手は萎縮するだけです。怒られたことについて反省はするかもしれませんが、それでモチベーションが上がるとは限りません。反対に意気消沈して、やる気を失う可能性も十分にあります。

たとえば、社員が営業車を運転中に、交通ルールを破って、物損事故を起こしたとします。

こういうとき、怒鳴りつける上司がいますが、私なら笑顔で、優しく諭すように注意をします。

しかし、ルールを守れば防げた事故でもあることと、ペナルティーとして、ボーナスは下がることもしっかり伝えます。信賞必罰は必要です。

営業成績が振るわないといって、部下を怒鳴りつける上司もいます。これも私に言わせてもらえば、愚の骨頂です。

それでその社員のモチベーションが上がって、営業成績が伸び、会社の業績が上がるとは到底思えません。むしろ社内の雰囲気は悪化し、グチや悪口が横行し、社員の士気は下がっていくでしょう。

そういう私も実は、日本電子時代には、理屈で部下と争うことがありました。「おまえ、この数字はなんだ！」などと、強く指摘することもありました。

しかしあるとき、怒りは自分の感情を発散しているだけで、あとから自分もイヤな気持ちになることに気がつきました。まったく建設的ではないし、人を怒鳴りつけることは、天に唾《つば》する行為にも思えました。

そのことに気づいて以降、私は誰かに怒りをぶつけたり、誰かを非難したりすることは、いっさいしなくなりました。

当社の役員や中間管理職にも、部下を怒らないように指導していますが、たまに部下を怒鳴ってしまう役員や管理職もいます。そうすると、私は「まだまだだな」と思いつつ、その役員や管理職を注意します。

とはいえ、ほかの多くの会社に比べると、上司が部下を怒鳴りつけたり、叱りつけたりする行為は、非常に少ないと思います。そのようなことで、社員のモチベーションや会社の業績が上がるはずのないことをほとんどの社員が理解しているからです。

そもそも怒りで組織をまとめる方法は、恐怖と服従によって組織の秩序を保とうとする衝動型（レッド）組織的です。それではまるで、ギャングやマフィアです。あるいは、軍隊的要素のある順応型（アンバー）組織的です。

これでは、進化型（ティール）組織や多元型（グリーン）組織はおろか、達成型（オレンジ）組織にも達していないことになります。

怒っても事態が好転することはないし、怒鳴りつけても問題は何も解決しないということは、私の信条の一つです。

◈社長から率先して挨拶をする

もしあなたが社長であれば、社員から挨拶するのが当たり前だ、と考えるのではないでしょうか。

しかし、そんなこだわりは今すぐ捨てたほうがよいでしょう。むしろ社長から先に挨拶することを心がけるべきです。私もいつも、社員に対しても、自分から挨拶するように心がけています。

上司としてのプライド、男の沽券《こけん》……こんなものは、邪魔にこそなれ、何の役にも立ちません。男の嫉妬も、みっともない。

社長だろうが、上司だろうが、約束を破ったり、ミスをしたり、過ちを犯したりしたら、相手が部下であろうが、素直に謝るべきだし、「部下から挨拶すべきだ」などというくだらないプライドなど持つべきではありません。

社長や上司はむしろ、率先して職場を明るくすべき立場にいます。挨拶もせず、不機嫌な顔をしている部下がいたら、注意すべきでしょうが、よけいなプライドは円滑なコミュニケーションを妨げ、会社の雰囲気を悪くすると心得たほうがよいでしょう。

挨拶の「挨」の字は「心を開く」、「拶」の字は「相手の懐に入る」の意味です。まずは社長や上司が心を開いて、社員の懐に入る。そうすると、ほとんどの場合、社員の側も心を開いて、こちらに歩み寄ってくれます。

まずは社長が自分の胸襟を開く。話しかけやすい雰囲気を社長が作って、風通しのよい職場を作る。それは経営トップの大きな役割です。そのためにも「挨拶は社長から」を意識するとよいでしょう。

◈社長は「話すのが4割、聞くのが6割」でちょうどいい

日本レーザーには、社長室も会長室もありません。社長の机は、130坪の大部屋にポンと置いてあるだけです。

私は社長時代も、会長になった今も、ときどき社内をグルグル歩き回ります。もちろん、社員の仕事の邪魔にならないように配慮しながら。ただ、社員に何か話しかけられれば、応じるし、何か相談されれば、それにも応じます。

社員に意見があれば、しっかり耳を傾けます。かつて私が日本電子の社長に進言したと

き、私は社長から、けんもほろろの態度を取られました。このときの経験からもいえますが、社員の意見には、宝がたくさん隠されているのです。

社員と話すとき、私は立ったままで、社員は座ったままです。私が勝手に歩き回って、社員は仕事をしているのだから、それでよいのです。

しかし、多くの会社では、反対です。社員が立ち上がって、社長は椅子に座るでしょう。しかも、社長は社員を社長室などに呼びつける。上司も部下を自席に呼びつける。社員は皆、自分の仕事をしているのだから、こういうことはしないほうがよいでしょう。用があれば、社長や上司がその社員のところに行けばよいのです。

私は社内の給湯室などでも、社員と立ったまま、気軽に話をします。仕事以外の、たとえば、天気やスポーツなどの話もよくします。社長は気さくであったほうがよいというのが、私の持論です。

社長と社員が話をする際は、社長は話しすぎないように、気をつけたほうがよいでしょう。

社長というのは、得てして話をしたがるものです。8割、9割、自分が言いたいことを言って、それで対話になっていると考えがちです。

しかし、部下の実感は違います。「長い時間、話を聞かされた」ととらえがちです。社長の話は「＝お説教」と受け取る社員もいます。内心では「また説教が始まったな」と思っている社員も多いのです。これでは、対話になっていません。

社長が話すのは4割で、社員が話すのは6割。感覚的には、これくらいで、社員は「社長と話ができた」と感じます。

そうはいっても、多くの社長にとっては、話を聞くより、話すほうが楽でしょう。部下との30分間の面談で、10分自分が話して、20分部下の話を聞くのは、けっこうしんどいものです。

しかし、それでも聞くことを意識し、聞くことに重点を置いてみる。それだけでも、社内の雰囲気は変わります。

◈社長は「社長係」を担っている

そもそも、社長だから偉い、平社員だから偉くない、といったことはまったくありません。上司のほうが偉い、部下は偉くない、ということもありません。それぞれの立場と役割があるだけです。

あるいは、売上げと利益を上げる営業部だから偉く、事務を行う部署は偉くないといったことも、当然ながら、まったくありません。

ということは、会社には「社長係」「営業係」「技術係」「輸送係」「総務係」などがあると考えることができます。それぞれ対等で、上下関係は存在しないのです。

こうした組織は、ピラミッド型ではなく、まさにフラットです。だから、互いに「さん」付けで呼ぶし、上司が部下を怒鳴ることもないし、社長が社員と気軽に立ち話もするのです。

ただ、現実には、社長と一般社員や主任が見ている、あるいは見えている景色が異なることはあります。

同じ数字を見ても、同じ取引先を見ても、同じ市場を見ても、ずいぶん異なる世界を見ていることもあります。

通常は社長のほうが広い視野で物事を見ているものです。違う世界、次元の異なる世界を見ているから、議論しても、噛み合わないこともあります。この齟齬《そご》を解消するにも、研修などを行って、社員の成長を促すことが必要になります。

反対に、ある世界に関しては、社員のほうがよく見えていることもあります。社長だから、上司だから、なんでもよく見えているとは限りません。そういう場合は、社長が社員に、どういう世界が見えるのか、素直に教えてもらえばよいのです。

妙なプライドは持たずに、気持ちも組織もフラットに。そういう会社のほうが活力が満ちてくると実感しています。

◈社長はサーバントリーダーシップを目指せ！

社長の役割は何かといえば、サーバント（奉仕者）だと、私は思います。アメリカのハーバードビジネススクールでは、奉仕こそがリーダーシップの本質であると、説いています。サーバントリーダーシップ――。これが今と次代にかなうリーダー像といってよいでしょう。

トップは、いわばサーバントの気持ちで、社員を支援する。もっというと、ヨイショする。社員を持ち上げるのです。社員のモチベーションが上がり、業績が上がるのなら、ヨイショの一つや二つ、厭わず、社長が行えばよいのです。

社長はサーバントだから、社員に使われることもあります。第4章で紹介したように、私は営業部員から「セミナーを開くことにしたので、会社の代表として、挨拶してください」と頼まれたことがあります。

私は、これはこの社員のためにも、会社のためにも、お客様のためにもなる、と判断して、喜んでこの申し入れを引き受けました。私が多少なりともサーバントリーダーシップを発揮できた一つの事例です。

〝How to manage your boss〟と、ハーバードビジネススクールでも言っています。その点、当社の社員は「社長の使い方」に長《た》けています。

納得できれば、社長は社員のその頼みに乗ればよいのです。それでこそ、サーバントリーダーシップの本領発揮です。

現在の私の肩書は代表取締役会長で、かつＣＥＯです。

ＣＥＯは〝Chief Executive Officer〟（チーフエグゼクティブオフィサー）の略で「最高経営責任者」のことです。しかし私は、権力を行使していません。

そこで私は、会長になってから、ＣＥＯを〝Chief Entertainment Officer〟（チーフエンターテインメントオフィサー）と訳すことにしました。社員を喜ばせる最高責任者ということです。これは半分近くシャレですが、半分以上は本気で言っています。

社員が社長を使うことに喜びや価値を見いだせるのであれば、社員は社長をどんどん使えばよいのです。社員の喜ぶ顔を見るためにも、私は〝Chief Entertainment Officer〟として、社員にどんどん使われようと思っています。

反対に、よくないのは〝穴熊《あなぐま》社長〟です。会社の中にばかりいて、お客様のところを訪問しない穴熊社長では、仕事も会社も見えなくなります。社長室でふんぞり返っている社長など、最悪です。

社員に請われたら、原則として、喜んで、その求めに応じる。外にも出かける。社員に請われなくても、会社に引きこもらずに、どんどん外に出る。これが社長のあるべき姿だと、私は思っています。

◈サーバントリーダーシップはパワハラと無縁

第4章で紹介した営業部の部長職で、執行役員でもある鶴田逸人も、サーバント型のリーダーシップをかなり身につけています。それは彼の「私は部下に『こうしろ、ああしろ』と指示や命令はしない。仮に指示、命令をしても、部下は拒否できます」といった発言からもわかります。

さらに鶴田は、部下をヨイショするのに長けています。励まして、一緒に頑張ろうという雰囲気を作るのが上手です。なかなかのサーバントリーダーシップです。後進にも、サーバントリーダーシップの精神が受け継がれつつあるのは、うれしい限りです。

サーバントリーダーシップはティール組織的であり、自己組織的でもあります。

まず、ティール組織の一つの要素である自主経営をかなり含んでいます。社員が主体的、自立的、能動的に考え、動いています。サーバントリーダーシップは、その行動に応える形です。

そして、非常に自己組織的です。創造的な個の営みを優先させていて、コントロールセンター（トップダウン）を認めていません。

社長がサーバントであることで、社員の自由度は広がります。「社長、私はこうしたいです」「社長、これをお願いします」と、社員が社長に意見し、社長は納得したら、それに応じて、支援すればよいのです。まさに、サーバントリーダーシップのあり方で、自己組織的です。

サーバントリーダーシップの組織では、パワハラは起こりようがありません。そもそもサーバントが社員にパワハラするなど、おかしな話です。

サーバントリーダーシップは、日本の企業では、まだなじみにくいスタイルかもしれません。

しかし、社員の自主性とモチベーションが高く、トップと社員の間に信頼関係があり、理念を共有できているなら、サーバントリーダーシップは非常に有用なリーダーのあり方です。

◈あらゆるリスクを想定しておく

あらゆる事態を想定しておくことも、社長の大事な仕事です。これは想定内のことをできるだけ広げて、経営のリスクを極力下げておくということです。

「あれは想定外だった」

「こんなことが起こるとは、思いもしなかった」

「まるで予想できなかった」

……こんなことが頻発するようでは、社長失格です。

第1章で書いたように、日本レーザーは為替の変動、海外メーカーのM&A（合併と買収）、TPPなどの国際協定の変化、世界的な金融危機、日本と中国や韓国、北朝鮮との関係悪化、大地震などの天災、さらには戦争などに見舞われるリスクを常に負っています。

それを事が起きて、「こんなことになるとは……」と呆然とするようでは、経営者失格です。

リスク回避の例を一つ挙げましょう。それは、当社の本社ビルを今の東京都新宿区西早稲田に引っ越したことです。

本社はそれまで、東京の港区にありました。７階建てのビルの１階から６階に、当社は入っていました。ビルには地下はなく、近くには運河があり、地盤の弱いところでした。

私が社長に就任したのは１９９４年で、翌95年1月に阪神・淡路大震災が起こりました。後日、私は5階のビルの窓から外を眺めつつ、「あの大震災クラスの地震が東京で起きたら、このビルは確実に倒壊するな」と思いました。

社長就任後、トップダウンで経営を刷新し、社員が頑張ってくれたことで、利益が出ました。善は急げ、です。95年の夏前に引っ越しを決め、8月に引っ越ししました。

引っ越し先の大きなポイントは地盤が固く、地震に強いことでした。いろいろ調べて、決めたのが今の新宿区西早稲田のビルだったのです。

あらゆるリスクを想定して、リスク回避に努めることも、トップの大事な仕事といえます。

◇オープンな社風と不易流行の経営

日本レーザーの社風の一つに、非常にオープンなことがあります。「秘密がない」ことは、ティール組織の要素の一つとして挙げられてもいます。

私は2018年の3月に代表取締役会長に就任しました。同時に、宇塚達也が代表取締役社長に就き、今は彼と私が日本レーザーを牽引しています。

私の講演後の質疑応答で、当社の社員が私に質問することがあります。そうした場で、あるとき、「どういう理由と経緯で、宇塚さんが社長になられたのですか」と、女性社員が私に尋ねました。

その場には、講演を聴きに来てくれたお客様や当社の社員が何人かいます。一般的には、まずしない質問でしょう。

場合によっては、場の空気が妙な感じになってしまうかもしれません。「どうしてそんなことを聞くんだ⁉　ここをどこだと思っているんだ⁉」などと言って、社員を叱責する経営者もいるかもしれません。

しかし私は、なかなかおもしろいことを聞くなと思って、その質問に丁寧に答えました。

さらに彼女は、今後、どのように権限を委譲していくつもりか、私に尋ねました。当然、社員には興味のあることでしょう。これにも、現状を丁寧に話しました。

当社の次の経営トップのことを少し書くと、宇塚の次を担う社長には、何人かの候補がいます。

その中から、誰がトップになるか、まだわかりません。ただ、誰であっても、やや心配なのは経験不足、特に修羅場の経験に欠けることです。

たとえば、不良社員、不良在庫、不良債権といった「不良の山」だった日本レーザーの再建をいきなり託されるような〝きつい体験〟は、まだ誰もしていません。

それと、理念の継承が非常に大切であることも痛感しています。売上げ優先、利益優先といったお金が中心の考え、あるいは、計画を達成するために社員を追い込むような強権的な経営は、日本レーザーの社風ではありません。根幹の社風を揺るがすような人がトップに就くのは避けないといけません。

経営は「不易流行《ふえきりゅうこう》」であるべきだと、私は考えています。不易流行は、元は松尾芭蕉が唱えた俳諧の基本理念です。俳諧には、決して変わることのない「不易」と、絶えず進展・流動する「流行」とがあり、俳諧はその両面に立脚していると、芭蕉は説きました。

経営もこれと同じだと思います。変わらない部分、変えてはいけない部分と、変えていく部分、変えていったほうがいい部分とが、経営にはあります。それが一体となって、企業経営になるのです。

当社の場合でいえば、生涯雇用やダイバーシティー経営、社員第一主義、社員が圧倒的な当事者意識と健全な危機意識を持つことなどは「不易」の部分です。一方、勤務形態や細かな評価方法などは「流行」の部分です。

この不易流行を理解し、実践できる人財が次の社長になるべきだと考えています。そして、なぜその人が次期社長になるのかも、オープンな形で進めていきます。

第6章

「進化した日本的経営」が次のグローバルスタンダードになる

◈ダイバーシティーは自己組織を促進する

経営陣に入る準備を始める――。これは、これまで何度か紹介してきた中国出身の女性、周可馨が京都のコンサルティング会社で研修を受けたときのテーマです。このテーマは、彼女自身が考えました。

周可馨は研修を終えたあと、「経営陣に入る準備を始める」というテーマで研修を修めたことを全社会議で報告しました。

そして、修めたことを実行するためには何をするかも、全社員の前で発表しました。これはいわば、研修を今後の仕事に活かすことの決意表明です。

周は当時40歳で、課長でした。彼女のような立場で「経営陣に入る準備を始める」と公言することは、日本人ではありえません。少なくとも、当時の日本レーザーには皆無でした。

私も、周のこの研修テーマを知ったとき、大変驚きました。

仮に同じような立場の女性社員や男性社員が「経営陣に入る準備を始める」と社内外に公言したら、一般的には、社内で好ましく思う人はいないでしょうし、「生意気だ」と思われて、足を引っ張られることにもなりかねません。

ただ、当社では、そんなことはいっさい起こりませんでした。「周さんって、やっぱりすごいね」と賞賛する空気が流れました。

それは彼女が中国出身だったことが大きく影響していました。「やっぱり中国人は違う」という思いも、多くの社員が抱いたからです。

そして、現在では、先ほど紹介したように、「野心を持って仕事をしている」と公言する社員もいます。これはこの十数年の大きな変化です。

こうした変化のもとを作ったのは、周のような外国出身の社員でした。日本人という同質性を持った集団の空気を中国人の周がかきまわしたのです。

周は、第3章で紹介したように、営業成績のランキングが社内で発表されることについて、「励みになるから、よいことだと思う」と、全社会議の場で発言した女性でもあります。日本人はなかなかこうは思わないし、仮に思ったとしても、社員みんなの前で言うことはないでしょう。

国籍、人種、性別、年齢、学歴などにこだわることをやめ、人財の多様化を進めると、こうした揺さぶりが社内に起こります。

このことは自己組織化の条件とも重なります。自己組織化を生み出す四つの条件のうちの、少なくとも「創造的な個の営みを優先させる」「揺らぎを秩序の源泉とみなす」「不均衡および混沌（カオス）を排除しない」の三つと関係します。

周が「経営陣に入る準備を始める」を自身のテーマにして研修を受けたのは、彼女の創造的な個の営みといえます。

周の言動は日本レーザーに揺らぎを与え、それは新たな秩序の源泉になりました。混沌（カオス）を排除しなかったことも、その後の当社にとって、非常によい流れを引き寄せることになりました。

異質な文化や考えを持った人が組織にいることで、その組織は新たなステージに移ることもできるのです。

ダイバーシティーで、刺激と好影響がもたらされる

「20世紀は西欧とアメリカの時代でした。しかし、21世紀の世界の中心はアジアになるでしょう。特に中国、日本、韓国、台湾といった東アジアとシンガポールが世界経済の中心になるはずです。

だからこれから、世界的に活躍するには、英語、中国語、日本語ができることが必要です。さらに、アメリカのＭＢＡ（経営学修士）を持っているとよりよいでしょう。

私は中国出身だから、中国語はできるし、日本語もかなり話せるようになりました。でも、英語力はもっと高めたいし、MBAも取りたい。だから、アメリカの大学に進学して、英語を勉強して、MBAを取得することにしました。皆さんも、どうか頑張ってください」

これは2007年に日本レーザーを退職した徐梓涵《じょしかん》が、自分の送別会の場で話した挨拶の内容です。彼女は当時、27歳でした。

日本の大学を出た後で当社に入社し、5年ほど経って日本に帰化して、名前も「森美貴子」に変わりました。非常に優秀な営業部員でしたが、帰化してから半年ほどで退職の意向を告げられました。慰留しましたが、彼女の意志は固く、退職することになり、送別会で彼女は先ほどの文章のような挨拶をしたのです。

この挨拶には、私も社員も皆、圧倒されました。

徐（森）も周と同様に、日本レーザーに多大な影響を与えました。もちろん、ほぼすべて好影響です。

刺激を受けた日本人の社員たちは、いっそう奮起したことでしょう。「周さんに負けられない」「森さんも頑張っている。私も頑張るぞ」……そうした空気が社内に漂っていました。

当社では、中国生まれの正社員を5人採用したことがあります。そのうち2人は日本に帰化し、1人は永住権を取得しました。大阪在住の在日3世を1人、採用したこともあります。

ほかに、海外サプライヤーのドイツ人1人とフランス人1人を、それぞれのサプライヤーと給料を折半する契約で、当社で雇用したこともあります。海外サプライヤーの駐在員といった形です。2人とも日本人の女性と結婚して、帰国しました。

ただし現在は、外国出身の社員は1人もいません。ウェブサイトに英語で募集もしているので、アメリカ、ドイツ、クロアチア、ポーランドなどから履歴書が届くこともあるのですが、日本語が苦手な人が多いのです。

英語ができて、レーザーに関する知識があっても、日本語ができないと、当社で働いてもらうには、難しい面があります。だから今は、外国出身の社員はいないのですが、門戸は完全に開いています。

なぜなら、国籍もいっさい問わないダイバーシティーのよさを経験上もよく知っているからです。

金太郎飴のような人が集まっては、会社は決して活性化しません。今とこれからの時代は、人財の多様性こそが企業の活力になるはずです。

◈亡くなった社員の子供の面倒を同僚が見ていた

40歳のときに「経営陣に入る準備を始める」と宣言した周可馨は2年後、42歳のときに亡くなりました。膵臓がんでした。あまりに悲しく、衝撃的な出来事でした。

周は当時、大阪支店に勤務していました。第2章で紹介したように、入社当時は東京本社で勤務していましたが、夫の転勤に合わせて、上海の自宅、大阪支店と、勤務場所を変えていました。

あるとき、私は大阪支店を訪れました。すると、社員が「まもなくマサト君が来ます」と言います。マサトというのは、亡くなった周の息子です。当時、小学3年生でした。

「うん⁉ それはどういうことだ？ 誰の許可を得て、何をやっているんだ？」。私がそう聞くと、「社長には相談しませんでしたが、私たちみんなで決めました。支店長も了承しています」と、社員が当時、社長だった私に答えました。

さらに話を聞いてみると、社員たちはいろいろとマサト君の面倒を見ていることがわかりました。

マサト君の席がちゃんと用意されていて、社員たちはマサト君に算数などの勉強を教えたり、小学校から保護者宛に送られてくる登下校の確認メールをチェックしたりしていました。ちなみに、この世話役の中心となったのは支店長代理の女性の課長で、TOEICで10年間、900点以上取り続けている幹部です。

通常であれば、夕方5時半になると、社員たちは退社することができます。しかし、周の夫、つまりマサト君のお父さんは、夜の7時にならないと、当社の大阪支店に来られません。彼の勤務地は京都にあるため、早くても7時くらいになるのです。

となると、5時半から7時までの1時間半は〝残業〟になります。この〝残業〟を大阪支店の社員たちは自分たちで決めて、実行していたのです。

これをもし私が指示していたら、どうなっていたでしょうか。たとえば「周さんはうちの会社に多大な功績を残してくれた功労者だ。その周さんのご主人と息子さんが困っている。ここはみんな、周さんのためにも、息子さんの面倒を見てやってくれ。その分、残業もしてくれ」などと指示したら、当社の社員でも、私に反発したと思います。

「残業代は出るんですか」

「勉強を教える指導料は払ってもらえるんですか」

「マサト君にもし何かあったら、誰が責任を取るんですか」

こうした指摘や意見も出たでしょう。

しかし、社員たちは支店長のもと、自分たちで考え、自分たちでルールを決めて、マサト君の面倒を見ていました。この取り組みは、まさに自己組織的で、ティール組織の自主経営です。

大阪支店の社員がマサト君の面倒を見るのは、1年半続きました。周のご主人が「もうこれ以上はご迷惑をかけられない」と遠慮して、それで話し合って、終わりになったのです。

◈実行委員の判断で、社員の家族も社員旅行に連れていった

社員が自主的に動いて、ほかの社員に協力するケースは、まだたくさんあります。これまで何度か紹介した業務部課長の朝倉和恵も、ほかの社員から助け船を出してもらった経験を持っています。

2017年の社員旅行は、パートで入社した朝倉が正社員になって初めて迎えた社員旅行でした。その年の社員旅行は福島県いわき市にあるスパリゾートハワイアンズで、みんな、楽しみにしていました。

しかし、朝倉は「行かない」と言います。社員旅行の実行委員が彼女に聞くと、「娘2人を残して、行くことはできない」ということでした。

夫が滋賀県に単身赴任しているため、朝倉は神奈川県に娘2人と住んでいます。当時、長女は高校生で、次女は中学生でした。年頃の娘2人だけを家に残すのが不安だったのでしょう。

「それなら、娘さん2人も連れてきて、3人で来ればいいよ。朝倉さん一家の部屋を別に取るからさ」。実行委員はそんなことを朝倉に言ったそうです。

実行委員はさらに、次のことも言ったといいます。「交通費も宿泊費も、どうせ会社が負担するんだから」と。

「えっ、本当? ありがたいわ。それなら、参加させてもらうわ。ありがとう」。朝倉はそんなふうに答えたそうです。

私からすると、「おいおいおい」という話です（笑）。なにしろ私は、何の許可も与えていないのですから。

実行委員はあとから私に報告に来ました。まさに、相談というより、事後報告でした。驚きましたが、「どうぞ、いいよ」と言って、許可しました。

そのとき、「おまえたち、何を考えてるんだ。朝倉さんだけ特別扱いすることなど、できないだろう。ダメだ、認められない」などと言ったら、実行委員のやる気は下がるし、朝倉もがっかりしてしまいます。

だから、私は「キミ、よくそういう判断をしてくれたね。朝倉さん、喜んでくれてるだろう。いい提案をしてくれたよ」と、実行委員に伝えたのです。

朝倉も、朝倉の家族も、日本レーザーの「仲間」です。当社のクレドには「お客様満足より、社員と家族の満足が第一です」と記してもいます。

さらに、クレドの「経営としての約束」の「幸福な人生に大切なこと」の一つに「誰かを助けることです」と明記しています。これは利他の精神、つまり、自分のことより、まず他人の利益や幸福を考える精神を表しています。クレドで利他の精神を謳っている以上、実行委員のこの提案を私が却下できるはずがありません。

朝倉の家族を連れていくことで、経費は数万円高くなるでしょう。しかし、朝倉が旅行を楽しんでくれて、その後の仕事のモチベーション・アップにもつながるのなら、安いものです。

娘さん2人も楽しんでくれて、「お母さん、いい会社に勤めているね」と思ってくれるなら、よりいっそうありがたい。総合的に考えたら、何万円かの出費など、取るに足らないものです。

これはまた、不易流行の考えにもかなっています。社員と家族の満足が第一であることや、利他の精神は「不易」で、困っている社員を助けるためにルールを変えることは「流行」です。不易流行の精神は、当社の社員にも根づいてほしいと思っています。

◈出産後も女性が働きたくなる職場にする

本書には、女性の話が多く出てくると思っている読者もいるでしょう。それもそのはずで、当社の社員の約1／3はパートを含む女性なのです。さらに、管理職や幹部の3割は女性なのです。

これらは、性別にもいっさいの区別をしないダイバーシティーを実施していることが大きく影響しています。

当社の女性社員は、妊娠・出産しても、会社を辞めることはありません。私が社長に就任した1994年から2018年までの約25年間、第一子を出産して、退職した女性はゼロです。

この25年間で、7人の女性社員が出産をしていますが、出産を理由に辞めた人は1人もいません。出産して、育児休暇を取ったあとは、全員が職場に戻っています。

他社から転職してきた、40代半ばのある女性社員は次のように話します。

「前の会社では、女性はほぼ全員、独身でした。実際上、独身の女性しか働けなかったのです。私が日本レーザーに転職してきた当時も、女性は皆、独身でしたが、結婚して、出産する人が増えてきました。育休後、全員、復職しています。私もその1人で、同じような人が何人もいると、心強いし、働きやすいですね」

すでに幾つか紹介したように、当社では、働き方を個別に管理しています。「個人の事情」を尊重しているのです。

だから、正社員であっても、短時間勤務はもちろん、一部、在宅勤務を認めることもあります。すでにご紹介しましたが、夫の上海への転勤に伴って、上海の自宅で「1人オフィス」として働いてもらったこともあります。

ダブルアサインメントは、女性にとっても、非常によいシステムです。これだと、お客様に迷惑をかけることなく、当社の社員も適切に休むことができます。

最近、よく思うことの一つに、「優秀な女性が非常に多い」ことがあります。採用試験をすると、全体的には、女性のほうが点数が圧倒的に上になります。

入社後も、丁寧にしっかり仕事をする女性が多く、積極的にアイディアを出す女性社員も少なくありません。

そうした女性たちを、結婚や妊娠、出産を機に、退職に追いやるような経営をしていては、会社にとっても、大きな損失です。本人が「働き続けたい」と言うのであれば、どうしたらその希望をかなえられるか、経営側も真摯に考える必要があるでしょう。

◈「70歳までは、日本レーザーで働きたい」

日本レーザーでは、就業規則に70歳まで再雇用することを明記しています。希望すれば、少なくとも70歳までは、当社で働くことができるのです。

でも、そんなことを希望する人はいるんだろうか。早く引退して、のんびりしたい人がほとんどじゃないのか。……そう思う人もいるでしょう。ところが、そうでもないのです。

２０１８年6月に、あるところから当社の社員（パートなどを含む）がインタビューを受ける機会がありました。

私も同席しているその場で、「何歳ぐらいまで、日本レーザーさんで働きたいですか。あるいは、働くイメージを持っていますか」という質問を受けた社員がいます。

この質問に、男性3人、女性2人の、合計5人が答えました。もちろん、事前の打ち合わせなど、いっさいしていません。それぞれ、次のように答えました。

「70歳くらいまでは働けそうだし、働きたいですね」（男性社員／40代後半）

「私も70歳近くまでは、当社で働きたい。そのためにも、健康には今から気をつけたいで

す」（男性社員／30代半ば）

「私も70歳までは働くイメージを持っています。私は営業職で、62歳の先輩社員がいます。彼は今も営業の第一線で活躍していて、私が目標とする1人です」（男性社員／20代後半）

「あと20年は日本レーザーで働きたいですね」（女性社員／40代半ば）

「私は今、60代半ばで、パートで働いています。働ける限りは、ずっと働きたい。70歳を過ぎても、バリバリ働いている人が当社にはいるので、私も70代になっても、働けるんじゃないかと思っています」（女性パート／60代半ば）

皆、「少なくとも65歳までは、あるいは70歳になっても、日本レーザーで働きたい」と答えて、私は驚くと同時に、ありがたくもありました。

実際、当社の社員は、50代までは「60歳の定年で辞めるよ」と話していても、60歳が近づくと、「再雇用をお願いします」と言います。「じゃあ、一応、65歳までだね」と私が言って、64歳のときに「どうする？」と聞くと、多くは「この先も延長したいです」と言います。日本レーザーで自己実現を図りたい、自己効力感を味わいたい、と思っている社員が多いのです。

この現状は、少なくとも今は、当社の経営のあり方がうまくいっている証左の一つになると思います。生涯雇用を掲げる経営陣に対して、社員の側も、それを望んでいるからです。

◈陰口、悪口、足の引っ張り合いは皆無

日本レーザーでは、いわゆる足の引っ張り合いは皆無です。派閥もいっさいありません。飲み会での陰口、悪口、グチも、まったくないといってよいでしょう。

そうはいっても、その会社の会長が言っても、「ホントかな？」と思う人もいるでしょうから、社員の声を少し紹介します。

「日本レーザーに入る前は、3社に勤めました。ここに来て、不思議な会社だな、と思うのは、足の引っ張り合いがいっさいないことです。私自身、ライバル心を持っている人はいますが、誰かを否定することはないし、否定されたこともありません。それぞれが自立して仕事に向き合っているから、ほかの人を悪く言う必要もないのだと思います」（男性社員）

「前の会社から転職してきてまだ半年ですが、飲み会の場でも、会社や上司の悪口を聞いたことは一度もないですね。正直なところ、前の会社だと、『あの人はイヤだ』とか『あいつがどうした』などという話はしょっちゅう出ていました。お酒が入っても、そういう話がまったく出ないというのは、すごいなと思いますね」（男性社員）

「居心地がいいから、陰口や悪口は、誰も言いませんね。東京本社の女性陣は、お昼ご飯を

集まってみんなで食べているくらいだし。グチも誰も言いません。別にため込んでいるわけではなく、言いたいことは上司や同僚に言っているから、グチとして言うことがないんです」（女性社員）

第1章で書いたように、私が社長に就いた当初は、悪口、告げ口、足の引っ張り合いが横行していました。

メンバーはそのころとかなり変わりましたが、当時からいる社員も何人かいます。個人が変わり、組織も大きく変わることができることを、彼らは身をもって経験しています。

第4章で紹介したように、取締役の佐々木淳は2018年、最年少で取締役に就任しました。

佐々木は近畿地方の私立大学の文科系学部を卒業後、2年間、カナダを旅行した後、日本レーザーに入社しました。理科系の大学や大学院を出た社員が多い当社の中では、やや珍しい経歴の持ち主です。

若いころの佐々木の評価は、あまり芳しくありませんでした。私も「もっと頑張ってほしい」と思っていました。

しかし、3年目ごろから一念発起して、実績をどんどん上げていきました。実績を上げていった結果として、部長になり、執行役員にもなり、最年少で取締役にもなりました。

このことを妬《ねた》んでいる社員は1人もいません。悪口を言う社員も、足を引っ張る社員も、1人もいません。

それは彼の実績と能力を誰もが認めているからでもあります。個人の営業成績も発表しているので、彼の実績は全員が知っているのです。

さまざまな情報をオープンにして、互いを「仲間」と思える体制を作り上げると、悪口も、足の引っ張り合いもなくなります。

◈出世競争は存在しない。競合他社も存在しない

当社に出世競争は存在していません。なぜなら、新卒一括採用をしていないからです。

出世競争は同時に入社する同期がいるために起こります。

「いちばん先に主任になりたい」

「どんなことをしてでも、あいつだけには勝ちたい」

「同期でまだ係長なのは俺だけだ。仕事のやる気は、もうなくした」

……こんなことを考えるのは、同期がいるからです。

その点、当社は新卒一括採用をしておらず、転職組が多いため、出世競争は起こりようも

ないのです。

比べるのは他人ではなく、「過去の自分」であるべきだと、私は考えています。去年の自分、先月の自分、昨日の自分……よりも成長する。このことを目指すべきだと思っています。

ただ、社内にライバルがいることは悪いことではありません。張り合いになるのなら、むしろよいことです。

私がイメージするライバルは、互いに切磋琢磨するような人です。非常にポジティブな存在で、高め合える間柄です。

例を挙げれば、スポーツ選手のライバル関係です。サッカーの場合でいえば、本田圭佑選手や香川真司選手、長友佑都選手などが競い合い、互いを高め合っている関係です。当社にも、そうしたライバル関係は存在しています。

会社全体でいえば、日本レーザーにライバルはいません。競合他社は存在しないと考えています。他社と競争しようという気が、さらさらないのです。

何度か書いているように、当社は社員とその家族の満足を第一に考えています。その後、お客様に満足していただき、結果として、当社の業績が上がればよいのです。これまでのところ、幸いこのサイクルは実現できています。

こうした理念に基づいて経営しているので、「あの会社に勝つぞ」などというライバル心を持つことはないのです。

雑談のススメ

社内の雰囲気をよくするには、日常のあり方が何より大事です。そのとき、大きな効果を発揮するのが「雑談」です。

雑談を禁じている企業はたくさんあります。特にバブル経済崩壊後の大企業で、それは顕著です。そういう企業では、職場はシーンと静まりかえっています。隣の人に何かを伝えるときも、直接話さずにメールを送るケースも少なくありません。

こうしたあり方や企業文化は、まったくよくありません。少し大胆に書かせてもらえば、そうした会社は早晩つぶれてしまうでしょう。社内の風通しが悪く、言いたいことも言えない企業風土だからです。

私は社員に雑談を奨励しています。雑談、私語、何気ない会話、無駄話（といわれるもの）……これらは結局、無駄になりません。それ自体がメンバー間の豊かなコミュニケーションであり、職場の活性化にもつながります。

ダブルアサインメントを導入していることを紹介しましたが、この2人の間でも、雑談は大きな効果を発揮します。

なんとはなしに話す会話で、互いの仕事の状況はもちろん、悩みや家庭の事情などもわかります。「そんなことは仕事に関係がない」という発想は、少なくとも進化型（ティール）組織の考え方ではありません。なにしろティール組織では、社員は人格の全体性を持って会社やメンバーと向き合うのですから。

日本レーザーでは、報告・連絡・相談のいわゆる「報連相」を重視していません。なぜなら重視する必要がないからです。普段の雑談、世間話で、社員同士、たいていのことはわかります。

それに加えて、第3章で紹介した「今週の気づき」や「今週の感謝」というメールによる報告も実施しています。さらに、グループ会議や全社会議などの会議も行っています。わざわざ報連相を徹底させる必要がないのです。

電話で話している人の近くで騒がしくするようなことは、もちろん論外ですが、一般的には、社内が静かで、よいことは何もありません。パートやアルバイトも含めて、勤務中も気軽に話せばいいのです。

職場がシーンと静まりかえっている会社は、みんな、よけいな気を使っていて、堅苦しい思いをしながら仕事をしている可能性が高いといえるでしょう。お通夜のような雰囲気の会社に、将来は期待できません。

◈「コーオウンド・ビジネス」という新たな潮流

「コーオウンド・ビジネス」という言葉を聞いたことがあるでしょうか。「エンプロイーオウンド・ビジネス」と呼ぶこともあります。

それぞれ英語で書くと、"co-owned business""employee-owned business"です。"co"は"company"の略で、"owned"は「所有している、所有されている」、"employee"は「社員(従業員)」なので、「社員が所有している会社」ということです。

コーオウンド・ビジネス（エンプロイーオウンド・ビジネス）では、発行株式の大半をその会社の社員が所有しています。次項で詳しく説明するように、日本レーザーは日本では極めて珍しく、コーオウンド・ビジネスを行っている会社です。当社は、当社の発行株式の85%以上を95%以上の社員が所有しています。

日本ではまれなコーオウンド・ビジネスですが、アメリカとイギリスでは今、かなり普及しています。

アメリカでは、民間企業に勤めている労働者のうちの約10％は、コーオウンドの会社で働いています。

イギリスの新しいデータを見ると、ＧＤＰ（国内総生産）の約４・５％に当たる人たちがコーオウンドの会社で働いていることがわかります。

アメリカでもイギリスでも、大勢の人たちがコーオウンドの会社で働いていることになります。

アングロサクソンの人たちは利益優先で、切った張ったも厭わないビジネスを展開する一方で、社員が自社株を所有することが行われている点を考えると、家族的で共同体的な企業も出てきているといえます。

一方、日本では、少なくとも資本政策の点では、社員が中心ではありません。社員の持ち株会制度を持っている会社は多いですが、社員が所有する株式の割合は数パーセントから、せいぜい20％程度です。これでは、コーオウンド・ビジネスとはいえません。

実際、コーオウンド・ビジネスを行うのは、決して容易ではありません。特に上場企業では、親会社が半分の株式を持っているケースもあるし、非上場企業ではオーナーが半分以上の株式を持っている会社もたくさんあります。オーナーが持っている半分の株式を社員に分けるかというと、現実的には無理でしょう。

だから、日本でコーオウンド・ビジネスを行うのは困難ではありますが、今後、検討していく価値は十分にあります。うまくいくと、それは「進化した日本的経営」の一つの形になるはずです。

◈自主的経営を目指して親会社からの独立へ

当社はどのようにして、コーオウンド・ビジネスを実現したのでしょうか。それはMEBOによってでした。

MEBOは“Management and Employee Buyout”の略で、覚えやすく「メボ」と読んでも構いません。このMEBOとは「経営陣と社員（従業員）が株式を買い取って行う企業買収」のことです。

日本レーザーは1971年以降、1983年に小さい商社を吸収合併するまで、日本電子の100％子会社でした。すでに書いたように、私が日本レーザーの社長になった94年以降、当社は黒字に転換しました。幸い2年間で累積赤字を一掃して10％へと復配しました。

銀行が見放した子会社を再建できれば、親会社としては、その見返りに50％という高い配当を求めたり、天下り人事の受け皿に活用するのは、当然のことです。親会社はまさに第3

段階の達成型組織でした。

どこの企業でも子会社の悲哀ともいうべき事例は多くあります。

たとえば、大企業では個人負担で行う社員旅行も、中小企業では会社が全額負担して行うケースが多く、日本レーザーでも破綻する前は全額会社負担で毎年行っていました。2003年度に過去最高の1億4000万円近い利益を上げたので、10年ぶりの社員旅行は社員の希望で沖縄に行くことにしました。もちろん事前に親会社の担当常務に了解を取っていました。

ところが、帰ってみると、親会社の社長がカンカンに怒っていると聞かされました。「何を考えているんだ。けしからん」というのです。会社負担ということと、沖縄ということが親会社の社長には気にくわなかったようです。要求されたとおり、私は始末書を提出しましたが、それを知った社員はかえって結束してくれました。

事業の面では、海外製品ばかりに依存しないように、日本電子と日本レーザーが合弁でレーザー顕微鏡のメーカーを設立したことがあります。日本レーザーは4割出資していたのですが、日本レーザーからは取締役にも名を連ねず、製品が完成したら、製品はすべて日本電子で販売することになりました。

しかも、そのレーザー顕微鏡メーカーは2003年に破綻しました。その際、日本レーザーの出資金はまったく戻ってこなかったということもありました。親会社の利益を優先する達成型組織では当然のことだったのでしょう。

さらに、日本レーザーの生え抜き幹部の昇進や役員登用に厚い壁がある一方、親会社の事情で幹部の出向人事を受け入れることも多かったことや、タイミングが死活問題になる為替予約（為替レートの変動によるリスクを回避する取引）をする際に、いちいち親会社の事前承認に時間がかかることなど、子会社でいるデメリットも多く感じるようになりました。

こうした背景もあって、社員の中にも「独立しよう」「独立したほうが、自主的な経営ができる」「独立すると、自分たちの思い描く仕事ができるようになる」などといった声が上がるようになってきました。資本の論理の制約の多い子会社から、社員が大切にされる自主的経営への独立の気運は高まる一方でした。

◈ファンドを入れずに経営陣と社員だけでの「MEBO」

では、どうやって独立するか——。その方法を検討することにしました。

まず、IPO（新規の株式公開）を考えました。IPOを行えば、親会社も子会社もなくなるから自由になるのではないかと考えたのです。しかし、IPOをすれば、人にフォーカスした経営ではなく、市場の期待やお金にフォーカスした経営をせざるを得ません。

話は少し横道にそれますが、市場を見た経営というと、私は〝上場企業のワナ〟を思い浮かべます。私は上場企業の日本電子の取締役を経験したために、このワナが実感としてもわかります。

このワナは〝四つのハイ〟でもあります。ハイ（high）は「高い」の意味で、「高成長」「高収益」「高配当」「高株価」のことを私は〝四つのハイ〟と呼んでいるのです。〝上場企業のワナ〟も〝四つのハイ〟も、私の勝手な造語です。

常に市場をにらみつつ経営すると、経営陣は〝四つのハイ〟がいつも気になるようになります。すると、経営に無理が必ず生じてきます。成長優先、収益優先、株価優先、そして配当優先の姿勢が、経営陣と社員から余裕を奪い、さらには、顧客にそのしわ寄せが行くようにもなります。

これでは、その会社の存在目的とは何なのか、と言いたくなります。こうしたこともあって、私は市場を見た経営には懐疑的なのです。

さて、次は一般的なＭ＆Ａ（合併と買収）で、レーザー事業と相乗効果が高い会社に買い取ってもらうことを検討しました。幾つか候補となる会社もありましたが、別の利害を持つ親会社は存在するのだから、基本的には同じです。ということで、Ｍ＆Ａもやめました。

次に検討したのは、ＭＢＯ（Management Buyout／経営陣が株式を買い取って行う企業買収）です。ＭＥＢＯと違って、"Employee"の文字が入っていないことに気がつくでしょう。

当時、私は日本レーザーの株式を10％持っていたので、私たち経営陣が日本電子が持っている日本レーザーの株式を買い取る方法もありました。ただ、それでは経営陣だけがオーナー意識を持つことになり、業績がよい場合は、経営陣だけがキャピタルゲインを得ることになります。これは私の望むことではありません。

そこで考えついたのが、ＪＬＣホールディングスという持ち株会社を作って、そこに役員と嘱託社員を含む社員みんなで出資して、持ち株会社のＪＬＣホールディングスが日本レーザーを買収することでした。これが最もよい方法だと思い、実行することにしました。少し詳しく説明すると、以下のようになります。

まず私が個人的にＪＬＣホールディングスを資本金５０００万円で設立しました。その株式を役員と社員に額面で譲渡して、のちにこれを供出してもらって、役員持株会と社員持株会を設立しました。その後、銀行から5年で返済する1億５０００万円の融資を受けて、ＪＬＣホールディングスが日本レーザーのすべての株式を日本電子と株主から買い取ったのです。そうして、日本レーザーはＪＬＣホールディングスの１００％子会社になりました。２

007年のことです。

日本レーザーの経営陣と社員によるMEBOは、このようにして成立しました。社外のファンドも関わらない、日本では前代未聞の企業買収でした。JLCホールディングスには大株主といわれる15％以上の株式を持つ企業も団体も個人もいない上に、株式配当率も10％に限定したので、常に額面で取引ができる仕組みになっています。

◈社員のモチベーションの高さがティール組織への第一歩

MEBOの過程で非常にうれしかったのは、役員も社員もパートや派遣出身の嘱託も全員が、JLCホールディングスの株主に進んでなってくれたことです。

当初は3000万円の資本金で登記したのですが、社内で出資を募ったところ、なんと出資枠のおよそ4倍も集まりました。

そこで急遽、資本金を5000万円に増やして再登記したのですが、それでも社員から2・4倍ほどの応募があったので、100万円出したいという人に50万円にしてもらうなど、調整したほどでした。それだけ、社員はみんな、自分の会社の株主になることに意欲的だったのです。それまでの経営でモチベーションが圧倒的に高かったから、全員が株主になるスキームが描けたといえます。

2007年のMEBO以降に入社した社員や嘱託社員も全員、JLCホールディングスの株主になっています。つまり現在、日本レーザーのすべての役員、社員、嘱託社員はJLCホールディングスの株主でもあるのです。わかりやすく単純化して書けば、「社員＝株主」という構図です。

「会社は誰のものか」という問いが、しばしば発せられます。

かつての日本では「会社は経営者や社員のためのものだ」と言う人が多くいました。しかし、ある時期から「会社は株主のものだ」という意見が優勢になりました。確かに、株式会社の仕組みからいえば、会社は株主のものであるというのが適切に思えます。しかしそれで、その会社で働く人たちのモチベーションは十分に上がるでしょうか。

MEBOはこうした問いに対する、一つの答えになります。なにしろ会社は社員のものであり、株主のものでもあるのですから。

実際、日本レーザーでも、MEBOは大きな契機になりました。社員に「圧倒的な当事者意識」が芽生え出したからです。そのことが経営組織としての第4段階、多様な人財による多元的組織、さらには第5段階としてのティール組織へのスタートになったといえます。

JLCホールディングスも日本レーザーも、「俺の会社」「私の会社」「自分たちの会社」

です。まさに、日本で初めてのコーオウンド・ビジネスが誕生しました。

独立したことで向上した「社員の圧倒的な当事者意識」「健全な危機意識」「ともに生きていく仲間意識」のお蔭で、業績は向上しました。子会社としての最後の決算であった2007年3月期の自己資本比率は17％に過ぎませんでしたが、2012年12月期にMEBOのための1億5000万円の借入金を完済、2013年12月期には自己資本率が50％を超えて事実上の無借金経営になり、それ以来常に60％近い自己資本比率を維持しています。

MEBOは仕掛ける人がリスクを負うために容易にできることではありませんが、事業承継にはこうした企業の買収方法もあることを知っておいてほしいと思います。

◈ゲマインシャフトか、ゲゼルシャフトか

「ゲマインシャフト」と「ゲゼルシャフト」という言葉があります。高校時代などに社会科で習った人もいるでしょう。今でも、高校の「倫理」の教科書などに、これらの言葉が載っていることもあるようです。

ゲマインシャフトもゲゼルシャフトも、ドイツの社会学者のテンニース（1855－1936年）が唱えました。社会はゲマインシャフト（共同社会）とゲゼルシャフト（利益社

会）の二つに分類することができるとしたのです。

ゲマインシャフトは感情的に融合し、全人格を持って結合している集団で、家族や村落などが当てはまります。

ゲゼルシャフトは各自の利益的関心に基づいて、その人格の一部分を持って結合する社会で、会社や都市などが当てはまります。

テンニースの分類に従えば、一般的には確かに、会社はゲゼルシャフトでしょう。多くの会社は利益を追求しているし、多くの人は自分の人格の一部分を持って、会社をはじめ世の中と接していると思います。

しかし、人格の全体性を持つ進化型（ティール）組織の会社においては、会社もゲマインシャフト的であるといえそうです。

日本レーザーの社員も、全体性を備えています。日本レーザーでは、利益は目的ではなく手段と考え、増収増益や企業価値の上昇を会社の存在目的にもしていません。当社の社員とその家族がいちばん大切と考え、それを実行しています。

日本レーザーのスローガンにはＣＡＲ、つまり「信頼」「魅力」「共感」があります。社員同士も、お客様とも取引先とも、このＣＡＲでつながることを常に目指しています。

そしてまた、日本レーザーでは、当社の役員も正社員も、契約社員も嘱託社員も、パートもアルバイトも、当社のビルの掃除に入ってくれている清掃員も、同じ「仲間」だと思っています。

これらのことを考えると、日本レーザーは多分にゲマインシャフトであるかもしれません。少なくとも、完全なゲゼルシャフトには属さないでしょう。

自己分析すると、当社はテンニースの分類する二つの社会類型には属し切らない会社です。「第三の社会類型」に入るのかもしれません。それと同時に、進化型（ティール）組織的であり、自己組織的でもあります。

生涯雇用を掲げ、ＭＥＢＯを実施し、ティール組織的で自己組織的でもある日本レーザーは、「進化した日本的経営」を多少は実践できているのではないかと自負しています。

おわりに

私は中学生のころから社会科学の入門書や社会主義に関する本を読み、高校生になると体育会系部活のほかに社会科学研究会にも入り、友人と議論していました。いわゆる60年安保闘争では、国会に通ったりしていました。こうした10代の経験の後に、大学生時代には1年以上、ヨーロッパ各国を旅行しました。持ち出せるお金が５００ドルの時代です。アルバイトをしながら、ドイツ、オーストリア、スイス、欧州諸国を巡ったのです。オーストリアでは、ひと冬、スキー場の山小屋に住んでいたこともあります。

このとき、戦後20年経った東西ドイツ・東西ベルリンも訪れ、同じドイツ人が、一方は社会主義計画経済で、もう一方は民主主義市場経済での戦後復興に取り組んでいる実態を目の当たりにしました。その結果、一党独裁の共産主義に失望するとともに、帰国後は慶應義塾塾長だった小泉信三先生の著作等で勉強して、共産主義への批判を強めることになりました。

日本電子時代の20代から30代には労働組合執行委員長として、左翼労組に対抗しての労使関係の民主化や、企業再建のためのリストラに直面しました。さらに、40代には日本電子のニュージャージー支社とボストン米国法人でもリストラの断行に関わりました。

若かりし頃のこれらの経験から、その後も私は、国とは何か、社会とは何か、会社はどうあるのがよいのか、といったことを考えながら生きてきました。

その結果の一つとして、何より思うのは「人の幸せ」です。どういう社会であれば、どういう会社であれば、人が幸せになれるのか、ということです。

会社の場合、それはまず「雇用を守る」ことだという結論にたどり着きました。では、雇用を守るにはどうすればよいのか――。そこからいろいろと考えを巡らし、模索し、実践し、本書に書き記したようなことをしてきたのです。

本書で書いたことは、経営破綻した企業の再建からよい企業になるまでの経過です。その間、人を大切にする経営を模索してきた結果が、ティール組織に近くなっていることを学びました。働き方改革が叫ばれる時代に、本書がよりよい個人の働き方にとって、何かしらの役に立つのではないかと思います。また、そうしていただけるのなら、うれしい限りです。

最後に、構成にお力添えいただいた平出浩さん、編集を担当いただいたPHP研究所の立川幹雄さん、解説を執筆いただいた日本経済大学大学院経営学研究科教授の髙橋宏誠さんに、心より御礼を申し上げます。

近藤　宣之

解説

日本経済大学大学院経営学研究科教授　髙橋宏誠

図　四象限モデル

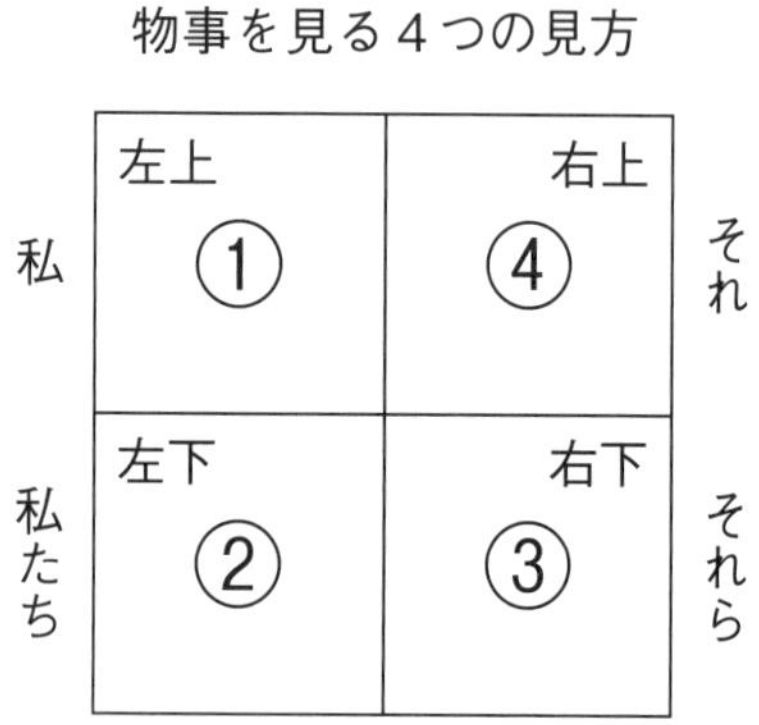

本書では、日本レーザーが実践している「日本版ティール組織」と言うこともできる組織運営についての著者の理解が示されている。ティールという意識状態の背景には、ウィルバーの統合理論がベースにある。そこで、そのフレームワークである「四象限モデル」を使って本書の内容を解説していきたい。

「四象限モデル」とは一言でいうなら、上図のように、横軸を目に見えないことと、目に見えること、縦軸を個とグループというように分けて、この四つの次元のすべてから見ることで初めて、もれなくだぶりなく現実を把握できるという思考法といえる。ちなみに、これは「統合思考法」と呼ばれている。

1．科学主義（要素還元主義）の観点から考える

右上の④の象限は、目に見える現象を「それ（個）」として対象化して見る見方である。自然科学の基本的なものの見方であり、要素還元主義という次元である。たとえば、ビジネススクールで教育するコンテンツの多くは、この右上象限の見方である。

まずは、この見方で本書の内容を見てみよう。本書の内容を解説する基準として、スタンフォード大学のフェファー教授の名著『人材を活かす企業』に書かれている成功の七つの条件を用いる。彼は、企業経営の重要な成功要因は企業文化であり、高い組織力であるとし、それを生み出すための七つの条件を膨大な実証研究から抽出している。

一番目は、「雇用の保証」である。従業員が失業の不安を抱えている限り、経営改革や生産性向上などの取り組みは定着しないという。近藤会長は、雇用を守ることがすべての基本であるとし、進化した日本的経営で重要な要素の一つとして「生涯雇用」を掲げており、この条件を完全にクリアしている。

二番目は、「採用」についてである。重要なポイントとして、①会社との相性や適性を考えること、②必要な能力や姿勢を明確にしてから応募者を絞りこむこと、がある。これらの

点については、第2章『お金で動く人、動かない人』、第3章『「他責の人」は要らない』でも触れられているように、日本レーザーは重要なポイントを押さえている。

三番目は、「自己管理チームと権限の委譲」である。チームで働く従業員は、権限委譲されていることから労働意欲が高く、また、従来の管理手法よりも生産性が高いことがわかっている。チームで働くことのメリットとしては、一つには、仲間同士の関係性により、階層的な管理がいらなくなること、仲間に迷惑をかけまいとする意識が生まれるため階層的な管理よりも効率がよいこと、さらに、自社の業績に対して責任を感じるようになり、従業員は積極的に行動するようになるという。二つ目には、互いのアイディアを持ち寄って、優れた問題解決ができること。三つ目としては、仲間同士によるコントロールは余計な管理階層が存在しないため、かなりの経費が節減できるということである。第2章『「仲間意識」と「連帯感」が組織を強くする』、第4章『担当者が2人いる「ダブルアサインメント」』でも触れられているように、日本レーザーの組織は優れた自己管理チームとなっている。

四番目は、「高い成功報酬」である。成功報酬の具体例として、ゲインシェアリングやプロフィットシェアリング（成果主義の報酬制度といってよいだろう）、持ち株制度が挙げられている。持ち株制度については、従業員が株主として権利と義務を担い、自分自身のために努力するという意識づくりになるとのことである。また、スキルの取得に対する報酬は、仕事への学習意欲を向上させ、従業員の柔軟性を伸ばすとされている。日本レーザーでは、基本的に成果主義の報酬制度を採用しており、さらに、社員＝株主という形を取っている。また、第3章『ＴＯＥＩＣの点数に「手当」が付く』で触れられているように、スキルの取得に対する報酬の仕組みも採用されている。

五番目は、「社員教育」である。組織力から利益を生み出すためには、社員教育という単独の制度だけでは不十分であるとし、教育は社員への一種の投資であるという見方が示されている。日本レーザーでも、教育にかなり注力している。

六番目は、「格差の縮小」である。これは、従業員が自信を持って仕事に取り組むためには、待遇の違いを排除し、個人やチーム間の上下意識をなくすことが重要だという意味である。一つは、言葉の使い分け、肩書、オフィス空間などに差を設けないこと。もう一つは、地位や階級の差に基づく不平等な賃金ベースの排除だとする。そして、成功報酬も格差の縮小の一つの手段であるという。日本レーザーでは、これらの点について徹底されている。

七番目として、「情報の共有（オープンブック・マネジメント）」が挙げられている。必要な理由として、財務、戦略、経営手段などの情報を共有すれば、従業員を信頼しているというメッセージになること、業績の重要性を従業員に知らせることができるということが挙げられている。さらに、業績情報を解釈し、活用するための教育も必要だとする。この点については、近藤会長の著書『ありえないレベルで人を大切にしたら23年連続黒字になった仕組み』（ダイヤモンド社）で、日本レーザーが経営に関する情報を従業員に共有していることが触れられている。従業員全員が株主なので当然だともいえるが、実際にはMEBOを実行する以前から行われてきている。

以上、日本レーザーの経営は、七つの条件を十分に満たしており、それだけでも優れた業績を生み出せるマネジメントであることがわかる。しかし、すでに読者もお気づきのように、日本レーザーの組織運営には、七つの条件をはるかに凌駕《りょうが》するものがある。

2. システム科学の観点から考える

次に、③の右下の象限で考えてみよう。右下の象限は、目に見える現象を「それら（グループ）」として対象化してみる見方である。これは複雑系と呼ばれる分野であり、複雑系を対象として見る科学はシステム科学である。そして、社会科学におけるシステム科学は社会システム論である。

・自己組織性論（社会システム論）は企業組織に応用できる

システムとは、複数の個（人）が相互に関わり合い、一体性を生み出しているものであり、企業組織もその一つである。社会システム論とは、社会を一つのシステムと見て、そのダイナミズムを説明する理論である。中でも今田高俊博士の「自己組織性」が有名である。大雑把に言えば、生命体における原理であった自己組織性を社会学に応用したのが（社会の）「自己組織性」論である。自己組織性とは、システムが環境との相互作用を営みつつ、自らの手で自らの構造を作り替えていく性質を総称する概念である。

簡潔に説明すると、自己組織性とは企業組織でいえば組織が環境との相互作用を営みつつ、自らの手で自らの構造を作り替えていく性質ということになる。ここで構造とは組織的取り決めの総体であり、平たく言えば、ルールの束といってよい。

自己組織化のきっかけを作るのは社員という個であり、結果としてシステムとしての組織自体が自己を変革する。組織が自らを変革するためには、社員が自らの行為を振り返るという言動が前提となる。これを「自省的行為」という。この自省的行為が組織に働きかけるものであるなら、つまり、既存のルールを超えて新たな意見や提案がなされるなら、それは既存の組織の構造に「揺らぎ」を与えることになる。社員からの働きかけという「揺らぎ」は最終的に組織の構造を変更し、その後、新たに取り込まれたあるいは変更されたルールが今度は社員の言動に影響する。こうした個とシステムの循環性（サイクル）が自己組織性の本質である。

要するに、自己組織化している組織とは、既存のルールを超える言動である「揺らぎ」を許容し、これらのシナジーによって新たな仕組みや秩序を組織内に構造化（ルール化）し続ける組織なのである。したがって、自己組織化しているとは、個とシステムの関係のサイクルが維持されているということであり、このサイクルが維持されている限り組織は生きているのである。

したがって、組織を活性化するには、個々の人が本来持っている可能性を引き出すことにより、彼らの内側から湧き出るエネルギー（これを「内発的動機」という）で絶えず生成変化が生じるようにすることが必要である。個々の人がこうした力を発揮して活性化された組織へ転換するには、組織は管理を超えたエンパワーメントと支援の仕組みを導入する必要がある。エンパワーメントとは、権限委譲というだけでなく、人間の内発的なパワー欲求を増強することであり、働き手が仕事を通じてより高い次元で自己を表現できるよう、人々の精神を解き放つことである。つまり、人々の潜在能力を引き出して解き放ち、崇高な目的や自己実現を達成できるような自由な環境を作り出すことなのである。

また、エンパワーメントは、自己効力感、すなわち、自身が課題を達成できるという自信を高めることでもある。逆に言えば、自己効力感を高めれば、モチベーションが高まり、内発的パワーが行動に結びつくのである。

個の内発的動機の源泉としては、自己効力感に加えて、当事者意識も重要である。当事者意識が発揮されるには、上司と部下が対等に話ができ、しかも上司が話を聞いてくれるというような、自分が受け入れられていると安心できる関係、本人にとっての「心理的安全」が必要である。

他方、社員のエンパワーメントが可能になるためには、組織は状況に応じて自在に変化できる体質を備えていなければならない。そのためには自己組織化していることが必要である。それには自己組織化を生み出す四つの条件を整備することである。四つの条件については後ほど説明する。

・企業組織の社会システム化が自己組織性をもたらす

社会システム論である自己組織性論を企業組織にそのまま適用することには課題がある。それは、社会システムと企業組織との違いに由来する。

まず、社会システムとは、ある共通目的のため、二人以上の人々が協働する人間の活動の理論上のモデルである。そこでは、個はシステム全体に対して自律的であり、振る舞いが自由であることが想定されている。このようなシステムでは、一人または少数の人の自律的な振る舞いが揺らぎとなり、他の人に影響を及ぼし、それがフィードバックされて活性化して自己組織化につながりやすい。

一方、企業組織においては、社員の活動を調整する階層構造が取られ、トップから組織の末端に至るまで各段階の職位に権限と責任が割り当てられている。そして企業組織は、経済的な価値の創造を主目的として作られ、しかも環境に適応して存続していかなければならないため、組織としての統一性が求められる。このように、企業組織は公式な命令系統によって律せられ、しかも、その境界は明確に定められたシステムなため、自己組織化は容易でない。

また、社会システムには最終的な意思決定者は想定されていないが、企業組織にはトップが存在する。環境適応の必要上、トップにはシステムという全体を代表する地位が与えられている。「システムの代表者」は、社員を活用して企業価値を高めるための権限と責任を有する。彼はまた、「システムの代表者」としての側面」と「企業組織の個としての側面」とを合わせ持つユニークな存在であり、そのような二面性も企業組織が社会システムとは異なる特徴だといえる。したがって、自己組織化が生まれるかどうかについては、トップの役割が非常に重要なのである。

要するに、自己組織化が起きやすくなるためには、企業組織が社会システムに近い状態になることである。企業組織が自己組織化するには、企業価値創造に向けた組織としての統一性を維持しながらも、タテの階層構造を減らし、ヨコの機能別の境界線の認識を薄めること等を通じて、個が自由に振る舞えるようになること、そして、自己組織化が生まれる条件が実践され、社員一人ひとりが当事者意識を持って自律的に行動できるよう支援されることが必要である。そこで、トップの具体的な役割を考えてみよう。

・自己組織化が生じる際のトップの役割

企業組織を「それら（グループ）」と見る社会システム科学の観点からは、システムの代表者たるトップが次の三つの役割を果たすなら、自己組織化が生まれる確率が高くなる。

①組織が追求する価値とビジョンを共有すること

組織が追求すべき価値として、経済的価値に加え、社員の自己実現欲求を満たすことが必要である。内発的動機をもたらすのは自己実現欲求であり、社員の内発的動機こそが究極的に自己組織化をもたらすからである。そこで、一人ひとりの自己実現欲求を満たすことができるような企業理念を掲げ、共有することが必要である。

また、社員一人ひとりが自由に振る舞うといっても、組織としての統一性を維持するには、目指すべき組織のイメージとしてビジョンが必要である。自己の行為が組織のビジョンからどの程度乖離しているのか、あるいは接近しているのかを測定する基準があることによって初めて自由に振る舞えるからである。

日本レーザーでは、これらを満たす経営理念や企業ビジョンを含む「クレド」が定められていて、しっかりと実践されている（近藤氏の著書『社員を「大切にする」から黒字になる。「甘い」から赤字になる』（あさ出版）に詳しい）。

②社員一人ひとりが自分の役割について当事者意識を持ち、自律的に行動できるような状況または仕組みを作ること

内発的動機の源泉として当事者意識が重要であることは、前述のとおりである。社員一人ひとりが自律的に行動できるようになるためには、彼らの自己効力感を高めることである。自己効力感は、成功体験等に加えて、支援によっても強化される。具体的には、研修や教育などを通じて彼らに実務能力をつけさせるとともに、本人が課題を達成できるという自信が高まるよう支援することである。

日本レーザーでは、社員＝株主であり、「圧倒的な当事者意識」を持っている。自己効力感を高めるための研修や教育に加えて、仕事を通じて成功できるように、役員からのサポートという形で支援がなされている。

③組織に自己組織化を生み出す条件を整備すること

自己組織化を生み出す条件とは、①創造的な個の営みの優先、②揺らぎを秩序の源泉とみなす、③不均衡および混沌（カオス）を排除しない、④コントロールセンターを認めない、の四つである。

「創造的な『個』の営みを優先する」……この条件を満たすには、役割や地位による拘束を緩める必要がある。それには、組織から階層性を減らすことにより、フォーマルな指示命令系統を減らすことである。そうすれば、社会システムと同様な状況、すなわち、ある共通目的のための、二人以上の人間の協働活動が可能な状況をもたらすことが可能になる。これによって、企業組織は社会システムに近づき、自己組織性が高まる。その際、社員が互いのメンタルモデルをすり合わせることができるよう、批判されないで聞いてもらえるというような安心できる場を作ることが必要である。

「揺らぎを秩序の源泉とみなす」……「個の営み」を優先する組織では、組織のルールや仕組みは二の次である。社員の多様性（ダイバーシティー）から生まれる違いが自己組織化の元となる。揺らぎを受け止める場合は、ビジョンを共通言語として、互いの違いを議論し、新たな付加価値を見いだすことである。

「不均衡および混沌（カオス）を排除しない」……これは企業組織の階層性やヨコの境界線をなくすことで生じる、関係者間における混沌に向き合うということである。具体的には意見のぶつかり合いなどによる不安やストレスに耐えることである。ここで重要となるのがいわゆるカオスの縁である。カオスの縁とは秩序でもなく、混沌でもなく、ちょうどその境目をいう。カオスの縁とは自己組織化へ向かう力が活性化されている状況なのだから、トップは、カオスの縁を組織活力の源泉として認識すべきなのである。

「コントロールセンターを認めない」……これは、トップダウンの管理を強化しないことである。それだけではなく、トップには、ある程度の揺らぎが生まれるように社員の自由度を拡張したり、一人ひとりの活動から全体にシナジーをもたらすような風土を醸成することが求められる。

日本レーザーが、これら自己組織化を生み出す四つの条件を満たしていることは本文で説明されている。

・日本レーザーは自己組織化していて、しかも進化した組織

私は、自己組織化によって企業組織の形態が変化すると考えている。それは、社会システムに近づくだけでなく、組織形態が、社会システムが想定する個とシステムの関係と同様になっている状態である。前述のとおり、社会システムとは、ある共通目的のために集まった二人以上の人間が共同活動する場である。ここでは、個（人）はお互いに対等な立場にあることが想定されている。個（人）は、システム全体に対して自律的であり、振る舞いの自由度が高い状態であり、このようなシステムでは、一人または少数の人の自律的な振る舞いが揺らぎとなり、他の個（人）に影響を及ぼし、それがフィードバックされて自己組織化が生まれやすくなるのである。社会システムが組織というシステムよりも上位のシステムであることに鑑みれば、社会システムと同レベルの状態になっている組織は、ラルーが言っている意味とは異なるが、進化した組織と呼んでもよいのではないだろうか。

日本レーザーは、組織としては、従来の組織の形態を超えており、自己組織化していて、しかも進化した組織だといえるだろう。

・「ティール組織」も自己組織化している進化した組織

ここで、自己組織性化している組織という観点から「ティール組織」を検討してみよう。『ティール組織』の著者ラルーは、その組織の本質をとらえた比喩として、生命体としての組織であるとしている。3つの突破口として、「自主経営」「全体性」「存在目的」を挙げている。「自主経営」とは、階層やコンセンサスに頼ることなく、仲間との関係性の中で動くシステムだとする。「全体性」については、ティール組織は自分をさらけ出して職場に来ようという気にさせるような一貫した慣行を実践しているという。「存在目的」とは、ティール型組織がそれ自身の生命と方向感を持っていることと説明されている。

自主経営と全体性とは、前述した社会システムの特徴そのものと言っていいだろう。社会システムには階層やコンセンサスは想定されておらず、関係性の中だけで動くシステムである。そこでは自由に振る舞えることが重要なため、それを「全体性」とみなしてもよいと思われる。

そして、存在目的に関する慣行において、①戦略は自然発生的に表れる、②計画や予算の策定や管理は、「感じ取ることと反応」（生命体のセンサーのように内外の変化を感じ取り、それに対応する形で修正されるという意味）に基づく、③チェンジマネジメントについては、組織は慣行変化に合わせて常に内部から変化している　とされている。

これらは、自己組織化している組織そのものの特徴と言えるだろう。なぜなら、自己組織化しているとは、個とシステムの関係のサイクルが維持されているということであり、「ティール組織」はこのサイクルが維持されていると考えられるからである。ティール組織は、「揺らぎ」を許容し、これらのシナジーによって新たな仕組みや秩序を組織内に構造化し続けていると思われる。

ラルーは随所で自己組織性について触れていながら、自己組織性と3つの突破口やその慣行等との関係には触れていないが、それを説明する理論こそ自己組織性論だといってよいのではないだろうか。冒頭で説明したように、自己組織性論自体、生命体の自己組織性を社会学に持ち込んだ理論だからである。ラルーが言いたかったのは、おそらく、「ティール組織とは生命体のように自己組織化している組織であり、それも、従来の組織と比較して組織の形態が変化した、進化した組織なのだ」ということなのだろう。

しかし、解説としてはまだまだ道半ばである。これまでの枠組み、つまり、社会システム論（右下）だけでは日本レーザーの組織運営は説明できない。自己組織性論にとって、組織運営を大きく左右するトップの内面は対象外だからである。また、自己組織化している組織あるいはティール組織の文化をどう説明するかという問題もある。

3．ティール組織を解明する鍵は、四象限モデル左側の観点からの考察が握っている

一つ目の問題、トップの行動をもたらす意識段階、世界観、考え方、意思決定の基準等を①の左上の象限で考えてみよう。左上の象限は、目に見えない現象、個人の内面を見る領域であり、心理学で扱う分野である。

「ティール組織」でも、リーダーの意識の段階が組織の発達段階を決めるとして、その段階が説明されている。「ティール組織」の該当部分を要約すると、「ティール組織」のリーダーの意識の段階は、以下のものとされる

①自らのエゴを距離を置いてみることができ、
②「正しさ」という内的な意思決定基準を持ち、
③自身の使命に向かって生き、

④周囲の意図や状況を、「可能性」として見ることができ、
⑤さまざまな障害を成長のための経験として受け止め、
⑥合理性（左脳）と、感情や直感（右脳）の統合的な考え方を持ち、
⑦自分らしさを失うことなく、人との関係を大切に育てていこうとする。

これらは、ウィルバーによれば、自分の立場だけでなく、いろいろな立場の考え方を尊重して大切にできる意識段階だという。この段階のことを彼は「ビジョンロジック」と呼んでいる。ウィルバーの理論的基盤であるグレイヴスの研究によれば、人間の意識発達段階は8つに分けられ、上位の段階に行くほど進化しているとされる。その5番目の段階は、達成型パラダイムであり、科学的、客観的な世界観が中心で、個人的な達成が重んじられる。現代の一般的な世界観、物質主義に見られ、最大の勢力を持つ段階である。6番目の段階は、多元型パラダイムであり、絆やエコロジカルな思想が出てきて、優しさ、対話、関係性が強調される。その世界観はさまざまなものの価値や多様性を認め、文化多元主義とも呼ばれる。

この先にあるのが、7段階目のティール色（青緑色）の進化型パラダイムである。これまでの6段階までの人は、皆、今いる段階が最高であると信じていて、他の段階を非難する傾向にあるが、こういう態度は7段階目に進化することによって克服される。これまでの6段階と、それから先の段階は質的に異なるのである。

ティールという段階は、世界の秩序の流動性、自発性、機能性を重んじる。世界の秩序の異なった段階を複雑性のレベルととらえ、すべてのレベルを統合的に扱うのである。5段階から7段階を眺めるだけでも、これら意識の発達には一つの特徴が表れていることに気づく。それは、自己中心性の減少と視野や意識の拡大であり、より多面的なものの見方ができるようになるということである。

ラルーは、経営トップに必要な条件として、「進化型の空間を保持すること」と「3つの突破口の模範となること」の2つを挙げて例を示しているが、ティールの段階におけるトップの考え方ないし意思決定の基準としての具体的な説明が欲しいところであろう。

もう一つの問題、それは、自己組織化している組織の文化、あるいはティール組織の文化である。達成型組織の文化はどのようにしたら「ティール組織」の組織文化へと変革できるのかということである。組織文化の変革は、昨今のトレンドとなっている「対話型組織開発」の問題でもある。これは、4象限モデルの右下領域を対象とする観点から説明することになろう。左側領域の観点からの詳しい解説は、別の機会に譲りたい。

〈著者略歴〉

近藤宣之（こんどう・のぶゆき）

1944年、東京都生まれ。慶應義塾大学工学部卒業後、日本電子株式会社入社。28歳のとき異例の若さで労働組合執行委員長に推され11年間務める。取締役米国法人支配人、取締役国内営業担当などを歴任。94年、債務超過に陥った子会社の株式会社日本レーザー社長に就任し、1年目から黒字化させ現在まで連続黒字を続ける。2007年、日本電子本社より独立。18年、会長に就任。第1回「日本でいちばん大切にしたい会社」大賞の「中小企業庁長官賞」、第3回「ホワイト企業大賞」など受賞多数。著書に『ありえないレベルで人を大切にしたら23年連続黒字になった仕組み』（ダイヤモンド社）、『社員を「大切にする」から黒字になる。「甘い」から赤字になる』（あさ出版）など多数。

社員に任せるから会社は進化する

日本版「ティール組織」で黒字になる経営の仕組み

2018年12月20日　第1版第1刷発行

著　者　近藤宣之
発行者　安藤　卓
発行所　株式会社ＰＨＰ研究所
京都本部　〒601-8411　京都市南区西九条北ノ内町11
マネジメント出版部　☎075-681-4437（編集）
東京本部　〒135-8137　江東区豊洲5-6-52
普及部　☎03-3520-9630（販売）
PHP INTERFACE　https://www.php.co.jp/

組　版　朝日メディアインターナショナル株式会社
印刷所　図書印刷株式会社
製本所

ISBN978-4-569-84022-2

PHPの本

道をひらく

松下幸之助 著

運命を切りひらくために。日々を新鮮な心で迎えるために——。人生への深い洞察をもとに綴った短編随筆集。40年以上にわたって読み継がれる、発行520万部超のロングセラー。

定価 本体八七〇円（税別）

PHPの本

続・道をひらく

松下幸之助 著

身も心も豊かな繁栄の社会を実現したいと願った著者が、日本と日本人の将来に対する思いを綴った116の短編随筆集。『PHP』誌の裏表紙に連載された言葉から厳選。

定価 本体八七〇円（税別）

PHPの本

［新装版］思うまま

松下幸之助 著

「心を鍛える」「道を定める」「人生を味わう」――。折々の感慨や人生・社会・仕事に寄せる思い240編余りを集めた随想録。明日への勇気と、生きるための知恵を与えてくれる。

定価 本体八七〇円（税別）